1. 成都信息工程大学引进人才项目（KYTZ201749），《"互联网＋"情境下的中国制造业升级演化机制研究——基于演化经济学的视角》。

2. 四川省电子商务与现代物流研究中心 2017 年度重点项目，《C2B 模式下的中国汽车制造业转型升级演化机制研究——基于演化经济学的视角》。

3. 四川省社会科学研究规划基地重大项目（SC19EZD015），《四川省供应链创新发展研究》。

存在易耗部件的
耐用品垄断厂商市场策略研究

高永全　著

中国原子能出版社

图书在版编目（CIP）数据

存在易耗部件的耐用品垄断厂商市场策略研究 / 高
永全著 . –– 北京：中国原子能出版社，2022.9
　　ISBN 978–7–5221–2093–5

　　Ⅰ . ①存… Ⅱ . ①高… Ⅲ . ①耐用消费品 – 市场营销
– 研究 Ⅳ . ① F405

中国版本图书馆 CIP 数据核字 (2022) 第 154904 号

内容简介

通过对现实生活中耐用品使用特点的观察以及对耐用品组成结构的解析，发现了易耗部件这个对耐用品厂商和消费者都有重要影响的耐用品组件，并将其作为研究的出发点，在已有耐用品理论研究的基础上，通过综合运用决策优化、稳态均衡和市场出清等理念和方法来研究耐用品厂商的最优市场决策问题。

存在易耗部件的耐用品垄断厂商市场策略研究

出版发行	中国原子能出版社（北京市海淀区阜成路 43 号　100048）
责任编辑	王　蕾
装帧设计	河北优盛文化传播有限公司
责任印制	赵　明
印　　刷	北京天恒嘉业印刷有限公司
开　　本	880 mm×1230 mm　1/32
印　　张	4.5
字　　数	150 千字
版　　次	2022 年 9 月第 1 版　　2022 年 9 月第 1 次印刷
书　　号	ISBN 978-7-5221-2093-5　　定　价　58.00 元

版权所有　侵权必究

前　言

　　第二次世界大战结束后，世界经济得到了迅猛发展，人们也从战争结束后基本的温饱需求发展为对生活品质的追求，而衡量一个家庭生活品质高低的一项重要指标就是其所拥有的房产、家具、汽车、家电等耐用消费品的数量和质量，耐用品正在越来越多地进入人们的生产和生活中，并产生了巨大影响。

　　通过对现实生活中耐用品使用特点的观察以及对耐用品组成的解构分析，发现了易耗部件这一对耐用品厂商和消费者都有重要影响的耐用品组成部件，并将其作为研究的出发点，在已有耐用品研究理论的基础上，通过综合运用决策优化、稳态均衡和市场出清等方法和理念来研究耐用品垄断厂商的最优市场策略问题。

　　本书在充分借鉴已有文献的基础上，结合现实市场中的热点和难点问题，主要从租售策略选择、二手市场信息、需求价格弹性、产能约束等4个维度研究易耗部件给耐用品垄断厂商市场决策所带来的影响，以及耐用品垄断厂商相对应的最优决策问题，具体研究内容和结论如下。

（1）从厂商收益最大化的角度，研究了基于两阶段数学模型存在易耗部件的耐用品垄断厂商的租售策略选择问题。结果表明在此条件下，纯租赁策略是耐用品垄断厂商的最优选择。第一阶段的耐用品最优产量受到耐用品耐用度和第一阶段易耗部件耐用度的双重影响，但与第二阶段易耗部件耐用度无关；第二阶段耐用品的最优产量则受到耐用品耐用度、第一阶段易耗部件耐用度和第二阶段易耗部件耐用度的三重影响。第一阶段易耗部件的最优价格随耐用品耐用度的增加先递减后递增，而第二阶段易耗部件的最优价格与耐用品耐用度无关，各阶段易耗部件的最优价格只与同一阶段易耗部件的耐用度呈负相关。

（2）从消费者效用的角度，通过构建两期的决策模型来分析当耐用品质量不稳定的情况下二手市场信息对耐用品垄断厂商决策的影响问题。研究结果表明，在稳定均衡状态下，当消费者对耐用品的情绪效用比为某个定值时，二手市场消费者买卖双方信息不对称情况下的耐用品垄断厂商最优产量比信息对称情况下的最优产量大；二手市场信息不对称情况下耐用品的一手市场出清价格和二手市场出清价格分别低于信息对称情况下的相应价格；当消费者对耐用品的情绪效用比处在某特定范围时，二手市场信息不对称情况下垄断厂商的每期最优利润比信息对称情况下相应的最优利润大。

（3）研究了当耐用品垄断厂商的易耗部件产能充足，且考虑易耗部件需求弹性情况下的耐用品垄断厂商易耗部件市场兼容策略选择问题。利用稳态均衡建立了不同易耗部件兼容策下的消费者效用函数，运用市场出清条件而获得不同类型的消费者边界并在此基础上进行了最优化求解，得到耐用品厂商在不同易耗部件兼容策略下的最大收益，并利用对比方法分析了耐用品厂商对易耗部件的最优兼容决策。结论认为，耐用品垄断厂商对易耗部件采取不兼容策略下的耐用品最优产量和易耗部件最优价格分别大于相应采取兼容策略下的耐用品最优产量和易耗部件最优价格，此时耐用品垄断厂商关于易耗部件的市场兼容策略的最优决策为不兼容策略。

（4）研究了当耐用品垄断厂商的易耗部件需求缺乏弹性，但耐用品厂商易耗部件的产能存在约束情况下的耐用品垄断厂商易耗部件市场兼容策略选择问题。根据现实情形，将耐用品垄断厂商的易耗部件需求与产能之间的关系分为四类，并进行最优化求解得出厂商的最大收益。通过对比方法分析了耐用品垄断厂商在四种不同需求与产能关系下的易耗部件最优兼容策略。结论如下：当易耗部件的需求与产能之间满足 $d_{ta} \leq x_2$、$x_2 < d_{ta} < x_1$ 条件时，耐用品垄断厂商的易耗部件最优决策为不兼容策略；当满足 $x_1 \leq d_{ta} < x_1 + x_2$ 条件时，存在 x_{11}^* 和 x_{12}^* 两个易耗部件产能临界点，当耐用品垄断厂商的最大产能满足 $x_1 < x_{11}^*$ 和 $x_1 > x_{11}^*$ 时，耐用品垄断厂商的易耗部件最优决策为兼容策略，但当 $x_{11}^* < x_1 < x_{12}^*$ 时，耐用品垄断厂商的易耗部件最优决策为不兼容策略；当满足 $x_1 + x_2 \leq d_{ta}$ 条件时，耐用品垄断厂商的易耗部件最优决策为兼容策略。

本书力图客观地揭示存在易耗部件的耐用品特点和使用规

律，不仅希望在理论上将耐用品相关产品的研究加以拓展，还希望在现实中对存在易耗部件的耐用品垄断厂商在市场策略的选择和使用上起到一定的指导作用。

目　录

第 1 章　绪论

1.1 研究背景与研究意义

1.1.1 研究背景

国际上关于耐用品问题的研究由来已久，自 20 世纪 70 年代 Swan（1970）提出了"最优耐用度"理论以来，不断有研究者加入耐用品问题的研究中，他们在有关耐用品的时间不一致性、耐用度、计划废弃、逆向选择以及二手市场等方面的研究中取得了系统性的成果，这些研究成果为耐用品问题的研究打下了坚实的理论基础。目前，有关耐用品问题的研究已成为现代产业组织理论的重要研究内容之一。随着国内外学者们研究的不断深入，一些学者发现，不仅耐用品本身对厂商和消费者的决策至关重要，耐用品的相关产品（如耐用品的补充品、可替代耐用品的易逝品等）同样对耐用品厂商和消费者的决策有着不容忽视的影响。因此，关于耐用品及其相关产品的研究越来越被学者们所重视，已成为耐用品理论研究中的一个重要分支并取得了一定的成果。这些研究成果不仅在理论上丰富了耐用品问题的理论研究，对耐用品厂商在现实经济活动中的科学决策也有着重要的参考价值和现实指导意义。

通过对现实生活中耐用品在消费和使用等环节的观察分析后发现，大部分耐用品中都存在有一类特殊的部件。这类部件的特点是：相对于耐用品的主体部分而言它们更易于耗损，需要在耐用品的生命周期内多次更换才能保证耐用品的继续使用，且一般情况下，相对于耐用品整体而言，其价值（价格）相对较低。我们将具有这样特性的耐用品部件称之为易耗部件。例如，汽车的轮胎就具有这样的特性，通常一辆家用汽车的使用寿命在 10 年以上，而汽车轮胎的使用寿命相对于汽车整车而言要短很多，需要在汽车的生命周期内更换多次才能保证汽车的正常行驶，轮胎便是汽车这个耐用品的易耗部件。类似打印机中的墨盒、电脑的键盘和鼠标等都属于易耗部件。

通过对惠普、佳能、宝马、奥迪、捷达等耐用品厂商服务条款的研究以及对它们的销售与售后点（或 4S 店）的实地调查发现，很多耐用品生产商都注意到了易耗部件的重要性，纷纷根据自己所生产的耐用品特性，制定了符合自身利益的耐用品易耗部件策略，如耐用品易耗部件的价格、耐用度以及兼容策略等（兼容在本书中是指一个产品整体与零部件之间相互融合与共存的和谐程度，根据和谐程度大小不同可划分为完全兼容、部分兼容和完全不兼容三种情形，本书仅研究完全兼容情形和完全不兼容情形）。耐用品厂商们通过这些策略直接或间接地影响着消费者对这些耐用品的消费意愿、消费行为以及该耐用品的市场需求，进而也影响到厂商的战略实施和利润实现。

在对上述耐用品厂商销售和售后点（或 4S 店）的实地访

谈中还发现，通常价值较高的耐用品（或是该类耐用品中的高端产品）厂商一般对其易耗部件实施不兼容策略以获取高额利润，而对于价值较低的耐用品（或是该类耐用品中的低、中端产品），厂商则倾向于对易耗部件实施兼容策略，以扩大耐用品市场的占有率。例如，汽车行业中，高端汽车的易耗部件（大部分的零配件）通常都是由该汽车生产商独家提供的（如宝马和奥迪），在市场上难以购买到可以替换的产品。而那些中、低端汽车产品的易耗部件比较容易从市场上买到，最典型的当属捷达汽车，它的配件很容易从市场上买到。也有的耐用品厂商会用质保条款来阻止消费者从市场上其他渠道购买易耗部件的行为，如惠普等电脑厂商就要求用户必须在指定的维修点维修和更换易耗部件，否则将不予提供质保。但是，那些对易耗部件实行不兼容策略的耐用品厂商常常会因为自身易耗部件产能不足而造成消费者在耐用品维修时的长时间等待和不便，更有甚者会出现严重的产能不足而对公司的声誉造成损害。易耗部件的存在对耐用品厂商的决策会产生怎样的影响？耐用品厂商应该采取何种易耗部件兼容策略才是最优？我们要想科学地回答这一问题，就必须通过严谨的数理模型来研究耐用品厂商在不同约束条件下的最优市场决策问题。

1.1.2　研究意义

在经济飞速发展的大背景下，我国人民的平均生活水平得到了大幅度提高，很多家庭对耐用品的消费不仅在品种和数量上有所增加，消费的趋势也在向着高品质、高科技含量的方向转变，耐用品厂商在我国得到了蓬勃发展。但是，随着中国加入世界贸易组织（WTO）及国外同类厂商的不断进入，国内的耐用品厂商也不得不面对激烈的市场竞争。要想在激烈的竞争中求得生存和发展，国内的耐用品厂商就不能仅仅满足于对耐用品市场运行规律的掌握，还必须对耐用品相关产品的市场运行规律有足够深入的认识，只有这样才能科学有效地运用市场策略，提高厂商在市场中的竞争力和生存能力。

虽然相对于耐用品整体而言，易耗部件的价值（价格）较低，但是由于它在耐用品使用过程中的不可或缺性，它的重要性被厂商和消费者们高度重视。从消费者角度来看，如果易耗部件的更换和使用成本太高，消费者就有可能会放弃继续使用该耐用品，而选择其他功能相近但易耗部件的使用和更换成本更低的耐用品，此类现象在打印机产品上体现的较为明显。以佳能 MG3080 无线家用彩色喷墨多功能一体打印机为例，该机型 2022 年 4 月的网上报价为 459 元，而其配套的佳能原装 PG845/CL846 打印机一套墨盒的报价为 438 元，约占打印机整机价格的 95%，这将造成很多消费者在墨盒需要更换时会考虑重新购买新的打印机，而不是更换墨盒以继续使用。同时，笔者注意到类似的可兼容墨盒的价格要便宜很多，更换成本大概只需 99 元。如果佳能 MG3080 型喷墨式打印机对墨盒采取兼容策略的话，将会提高消费者的继续使用率，但是这又可能会减少新打印机的销售量，厂商因此面临着两难选择。由此可见，易耗部件对耐用品消费者和生产厂商的影响都很大, 易耗部件的兼容性不仅会影响消费者对耐用品的使用意愿和使用程度, 还会间接影响耐用品的市场竞争力和厂商的收益。

本书将在已有文献的研究基础上, 通过结合生活实际, 力图客观地揭示耐用品易耗部件的特点以及其对耐用品垄断厂商决策所带来的影响问题, 希望不仅在理论上将耐用品相关产品的研究加以拓展, 还期望可以在现实中对存在易耗部件的耐用品垄断厂商的策略选择和使用提供借鉴和指导。

1.2 相关研究文献综述

关于耐用品问题的研究从 20 世纪 70 年代开始逐渐进入人们的视野, 随后便有大量的学者加入了研究者的行列, 半个世纪的时间里产生了大量的研究成果。这些成果在早期呈现出较为明显的类别区分特点, 根据所研究问题的重点大致可分为四种类别, 即耐用度和计划废弃、时间不一致性、二手市场和逆向选择、耐用品相关产品的研究。这些早期的经典文献不仅为耐用品的研究开拓了众多的研究方向和方法, 也为后来的研究者们提供了丰富的可供批判与继承的理论基础。正是在早期研究成果的基础上, 现代的耐用品研究者们通过对上述文献的合理吸收与发展, 把有关耐用品的研究推上了一个新的高度。本书将借鉴上述分类方法, 并结合近期研究的新方向和新观点,对相关文献加以分类和综述。

1.2.1 有关耐用品耐用度和产品定价的研究

有关耐用品耐用度的研究可追溯至20世纪30年代，Wicksell（1934）在其书中首次对有关耐用设备的耐用度问题进行了建模分析。Kleiman 和 Ophir（1966）以及 Levhari 和 Srinivasan（1969）等人的研究结论表明市场结构对耐用度产生了直接影响。然而，Swan（1970，1971）的研究结果得出了与此近乎相反的结论，其认为耐用品厂商对耐用品"最优耐用度"的选择与市场结构之间并不存在必然的直接联系。Barro（1972）在引入了贴现率这一重要参数后的研究结果表明，当耐用品垄断厂商与消费者对未来收益的贴现率要求不一致时，厂商会选择不同的耐用度策略。Schmalensee（1974）把设备维护成本引入模型中加以分析，认为耐用品垄断厂商对耐用品耐用度的选择会因为其采取的是销售或租赁策略的不同而有所区别。Auernheimer 和 Saving（1977）的研究再一次验证了 Swan 研究结论的正确性。Mussa 和 Rosen（1978）对消费者的支付意愿进行了纵向差异化的假定，结果显示厂商会根据消费者不同的支付意愿而采用不同的耐用品耐用度。Goering（1993，1999）研究了耐用品垄断厂商对耐用度的选择问题，结论表明耐用品厂商对耐用度的选择与市场结构之间存在相关关系。Waldman（1996）以及 Hendel 和 Lizzeri（1999a）对耐用度的概念进行了重新定义，认为耐用度是耐用品产品质量的下降速度，且新、旧产品之间是不完全替代的关系，结论证明耐用品厂商为了提高新产品的价格会有意降低耐用品的耐用度，甚至会为此而采取推出新款的方法。Goering 和 Michael（2003）研究了当具备不同的承诺能力时，耐用品垄断厂商对耐用品耐用度的选择策略问题。Norris 等（2005）依据对汽车市场关键因素的筛选和提炼，建立了涉及耐用品消费者、零售商和生产厂商行为的理论模型，该模型在贸易优惠的跨期效应和耐用度对厂商促销策略的影响方面开辟了新的视角，模型求得了在耐用品厂商通过私人特许经销商来分销其产品的市场中的均衡价格、产量和贸易折扣。结论表明，不管品牌间的竞争有多激烈，厂商在没有关联行政费用的情况下通常都会采取贸易促销行为，零售商则会自愿参与其中，而且耐用品耐用度越高的厂商，提供的促销力度越大，随后的实证检验强力支撑了研究中的部分结论。Koenigsberg 等（2011）从市场营销学角度进行了研究，结果表明，不论耐用品厂商通过提高价格和成本而延长耐用品的寿命，还是通过降低价格和成本而缩短耐用品的寿命，都将导致消费者对耐用品需求的减少。

闫安和达庆利（2006a，2006b，2007，2008）对耐用品问题做了系列研究，通过修正后的古诺模型而解得了耐用品市场上的产量均衡解、建立了耐用品厂商长、短期利润最大化时的古诺模型和不同成本条件下的厂商多目标动态古诺模型、进一步研究了两个厂商同时进行定价博弈的 Bertrand 模型，并得到了各种情况下的厂商最优解。郭哲等（2006）研究了在开放的电子商务环境下，顾客的价格期望和厂商的生产成本两种不同定价方法对耐用品厂商定价的影响，结果认为前者更优。张翔、谭德庆、苏昊（2010）对耐用品消费者的市场覆盖进行了划分，并构建了消费者效用函数，在此基础上研究了耐用品垄断厂商的定价策略问题。苏昊、谭德庆、谭伟（2011）利用两期的定价模型研究了市场需求量信息对双寡头厂商定价的影响，结论认为市场的实际波动和厂商所掌握的信息程度会同时对两个厂商两期的耐用品定价产生影响。蒲应钦、冯安、胡知能（2011）研究了质量水平不变情况下非耐用品价格变化对消费者购买决策的影响问题，在构建价格控制模型的基础上分析了非耐用品价格的动态变化过程及趋稳路径。苏昊、谭德庆、王艳（2013）利用两期的需求价格模型研究了存在易耗部件的耐用品的耐用度选择问题，结论认为厂商的最优决策受到易耗部件耐用度的影响。谢花和叶涛锋（2022）研究了在综合考虑技术创新和价值折旧时耐用品的租赁定价策略问题，两阶段博弈分析的结果表明，当存在价值折旧时，厂商的定价决策受到产品创新程度与消费者价值折旧的共同影响。

1.2.2　有关计划废弃和产品创新的研究

所谓"计划废弃"是指厂商通过人为降低产品生命周期的手段来缩短消费者重新购买周期的行为。因为计划废弃和产品创新升级的结果都将加速旧耐用品的更换，所以将这两类文献放在一起加以综述。

随着经济的发展，耐用品厂商们意识到过高的耐用度会损害自己的收益，于是纷纷采用了"计划废弃"的手段。Bulow（1986）通过研究两阶段的动态数学模型，认为耐用品厂商在垄断情况下将会降低耐用品的耐用度，而这种计划废弃行为是厂商为了避免出现耐用品的动态不一致性。Bond 和 Samuelson（1984）的研究认为只要研发投入能降低新版耐用品的成本，耐用品垄断厂商就会出现研发投入过度的行为。Levinthal 和 Purohit（1989）则研究了如果新、旧耐用品在一定程度上可以完全代替，该如何选择新版产品的推出策略问题。Waldman（1993）对计划废弃的研究有了新的突破，其认为动态不一致性导致了计划废弃行为的产生，且厂商更多采用不断推出新版产品的方法来实现计划废弃。Fudenberg 和 Tirole（1998）通过分析存在和不存在二手市场的新、旧两代耐用品的定价问题，认为顾客信息是垄断厂商对新耐用品进行定价的主要影响因素。Fishman 和 Rob（2000）对耐用品垄断厂商提供新款耐用品的周期进行了研究，认为厂商在既不能降低耐用度也不能进行折扣销售的情况下，新产品的推出将会被延迟。Hoppe 和 Lee（2003）构建了一个两期的技术创新模型，并引入了技术创新的成本，由此分析了耐用品垄断厂商如何构建壁垒以阻止后来者进入的问题。Nahm（2004）研究了存在二手市场的两离散周期上的耐用品厂商创新活动中的动态一致性问题。Utaka（2006）的研究目标致力解决耐用品厂商所采取的计划废弃策略与社会福利之间的关系问题。Toshiaki（2007）的研究表明厂商经常更新教科书的原因并不仅仅是为了实现计划废弃。吕俊涛、唐元虎（2008）建立了两阶段古诺模型，他们对耐用品市场中在位者与进入者之间的博弈分析结果认为，如果在位者对进入者采取默认态度且自己不进行创新，则进入者会采取交叉升级策略。Jia 等（2018）在考虑软件创新的基础上构建了两阶段模型，通过研究发现，消费者的跨期购买行为和供应商对价格歧视策略的选择使销售模式比租赁模式更具盈利能力。

1.2.3　有关逆向选择与二手市场问题的研究

逆向选择问题的研究可追溯至 Akerlof（1970）对二手汽车市场所做的研究，其认为信息不对称导致了二手市场上的逆向选择现象和交易无效率。Miller（1974）的研究表明，由于旧耐用品会对新耐用品的销售产生负面影响，耐用品垄断厂商为了增强新耐用品的销售会采取回购旧耐用品策略，从而为新耐用品的销售腾空市场。Waldman（1997）认为耐用品垄断厂商可以通过对二手市场征收交易费等手段来减少逆向选择对二手市场的影响，并获取更大收益。Fudenberg 和 Tirole（1998）研究了二手市场对垄断厂商新产品定价和销售的影响问题。Hendel 和 Lizzeri（1999b）的研究在前人的基础上更进了一步，通过将新、旧两个耐用品市场的有机结合来考虑市场上的逆向选择问题，所得结论更具现实意义。Hendel 和 Lizzeri（2002）研究了租赁策略对逆向选择的影响问题，结论认为虽然租赁可以带来社会福利的增加，但它并不是一个完美的工具。具有市场势力的耐用品制造商之所以能够从租赁策略中获益，主要是因为市场细分和制定更优的价格。Ghose 等（2003）研究了二手市场对耐用品厂商的影响问题，认为二手市场的存在导致耐用品厂商为了与旧耐用品展开价格竞争而被迫对新耐用品进行降价销售，但是二手市场的存在使一部分消费者加快了耐用品的更换频率，从而增加了新耐用品的需求量，由此给耐用品厂商带来更多的收益。Johnson 和 Waldman（2003）对竞争市场结构下耐用品厂商的租赁策略展开了研究，认为厂商通过对新耐用品实施租赁策略能够降低逆向选择所产生的不利影响，并且租赁合同中耐用品价格的规定能够给市场带来效率。李承煕、苏素（2008）对旧耐用品市场中不同信息状态下的消费者行为进行了研究，并通过对比分析得出了不同情况下的市场差异。Rao 等（2009）运用稳态均衡思想，构建了无限期的消费者效用函数，在此基础上研究了耐用品厂商采取以旧换新策略对二手市场中逆向选择的影响，结论认为以旧换新策略可以有效降低逆向选择的负面作用。Johnson 和 Waldman（2010）建立了一个新、旧两阶段的逆向选择模型，研究了道德风险在耐用品租赁市场中的影响，通过调查现实新、旧二手车市场表明收入越高的消费者越倾向于租赁新车。

1.2.4　有关时间不一致性和租售策略的研究

时间不一致问题是 Coase（1972）在解决耐用品厂商的跨期决策问题时发现的，并给出了著名的"科斯猜想"，该猜想后来一度成为耐用品研究的热点。Stokey（1981）的研究表明耐用品垄断厂商在一定的假设条件下并不会像 Coase（1972）认为的那样把耐用品的价格降为边际成本。Bulow（1982）在"科斯猜想"的基础上建立了一个两阶段的数学模型，研究认为在消费者理性预期的影响下，耐用品垄断厂商会通过降低耐用度的方法来减小时间不一致性发生的概率。Bond 和 Samuelson（1984）认为耐用品垄断厂商为了避免时间不一致性可以采取降低耐用度、租赁以及生产可替代品等方法。Gul 等（1986）通过放宽研究假设的方法对"科斯猜想"进行了验证。Ausubel（1989）研究了耐用品垄断厂商的"不良声誉"对其均衡的影响问题，认为这种影响会导致厂商不得不把产品的边际成本定于消费者的最小估值之上，以此来帮助其恢复垄断势力。Butz（1990）提出了利用消费合同条款的设计来解决时间不一致性的问题。Goering（1994）从委托代理的角度研究了耐用品垄断厂商所有者通过和管理者签订利润激励合同来降低时间不一致性所带来的不利影响。同样为了解决时间不一致性问题，Kutsoati 和 Zábojník（2005）提出了利用成本高且相对落后的生产工艺的方法，Morita 和 Waldman（2004）则认为耐用品垄断厂商可以通过对自身耐用品维修市场的把控来解决这一问题。Lee（2006）等在考虑了网络外部性的影响后，对耐用品垄断厂商不同代别的产品兼容性问题进行了研究，认为厂商更愿意选择耐用品的后向兼容策略来减少时间不一致性的影响。Mcafee 和 Wiseman（2008）等研究了综合成本变化对耐用品垄断厂商决策的影响，认为厂商在综合成本变化的情况下依然能够获取部分的垄断利润。Deneckere 和 Meng（2008）在把耐用品耐用度作为随机变量的前提下，通过研究两阶段数学模型对耐用品垄断厂商的均衡问题进行了深入的探讨。Judith（2009）从行为学的角度研究了课本市场的消费者是否具有前瞻性的问题，通过对从 1997 到 2001 年 10 个学期的大学书店课本销售数据所做的检验强烈支持了学生们具有短期内低折扣预期的假说，同时发现学生们对出版商们的改版行为具有理性预期，并且通过亚马逊网站旧书市场的数据进一步支持了自己的假设。随后的仿真结果表明，学生们充分的前瞻性使出版商们不能通过加快改版来获取更多的收益。Joao（2013）研究了当耐用品垄断厂商面对有限数量的购买者时销售的无效率问题，认为厂商采取的先高价后对部分购买者降价的策略会延长市场出清和无规律降价的时间。

Coase（1972）在其书中认为，垄断的耐用品供应商采用租赁策略可以获得比销售策略更多的收益，因此耐用品厂商的租、售策略选择也成为分析时间不一致性问题的重要研究内容之一。Miller 和 Upton（1976）对厂商耐用设备的租赁和购买策略做了对比分析。Bulow（1982）利用对比分析的结果表明，租赁和销售相比更能给耐用品垄断厂商带来市场势力。在此基础上，Bulow（1986）研究了耐用品寡头厂商竞争的情况，结论认为市场结构对厂商租、售策略的选择有重要影响，竞争情况下耐用品寡头厂商更愿意采取销售策略。Bucovetsky 和 Chilton（1986）的研究表明，当面对进入威胁时，垄断厂商的租赁和销售策略受到了进入者的影响并发生了改变，原先的租赁策略不再是最优的选择。Desai 和 Purohit（1998，1999）的研究表明，一定条件下，租赁并不能给耐用品垄断厂商带来更多的利润，而一定比例的租赁和销售混合策略才是最优决策。Ausubel 和 Deneckere（1992）将边际成本作为耐用品垄断厂商的私人信息，通过数学模型分析得出的结论表明销售策略也能获得同样的垄断势力。国内学者李长英（2004）研究了当耐用品厂商同时生产另一种非耐用品时的租、售最优决策问题，结论认为厂商租售策略的选择不仅受到了这种非耐用品与耐用品之间关系（互补或替代）的影响，还受到这种非耐用品存在时期的影响。Vishal 和 Mark（2012）将环境影响这一维度引入租赁和销售策略的对比研究中，结论认为租赁策略并不一定比销售策略更"绿色"，只有当耐用品同时具有较高的使用环境影响和较低的耐用度时，租赁才是既能获取更多利润又能更有利于环保的双赢策略。在耐用品的耐用度和使用环境影响都很高的情况下，租赁策略一般会获取更多的利润，但会导致更严重的环境破坏，并根据研究结论对环保组织提出了有关提高环保水平的建议。

1.2.5 耐用品相关产品及相关问题的研究

很多耐用品在使用过程中需要一些互补的资源或辅助材料才能实现其功能，如汽车需要汽油作为燃料动力、打印机需要纸张作为打印载体、数码照相机需要存储卡来保存照片等。同时，一些易逝消费品也对传统的耐用品构成了威胁，如一次性纸杯、餐具、医用器材等，这些相关产品对耐用品厂商的决策产生了较大影响。

Kuhn 和 Padilla（1996）的研究认为，非耐用的互补品和替代品的出现降低了耐用品厂商推出耐用品的效率，他们对厂商延伸耐用品或非耐用品生产线的激励机制进行了分析。Bhaskaran 和 Gilbert（2005）研究了耐用品厂商与补充品厂商之间的相互影响。结论表明，虽然租赁策略能够帮助耐用品厂商提高产品价格，但是这种做法会带来补充品供给的减少，因此会间接影响到自己的耐用品租赁市场，在此背景下，耐用品厂商采取合适的租、售混合策略才是最优决策。Goering（2007）研究了耐用品厂商对耐用度的选择是如何被相关的非耐用品厂商所影响的问题，结论认为受独立非耐用品厂商的影响，耐用品租赁厂商将会在有社会效率的前提下提供费用最小化的耐用品耐用度，而耐用品销售厂商会采取计划废弃策略。Lan（2011）认为耐用消费品的产品生产线设计依赖市场和工程领域的高度协调，通常市场角度的最优产品生产线设计不一定是工程角度的最优设计，反之亦然。为了解决这一难题，Lan 提出了一个新的产品生产线设计优化方法，模拟研究的结果表明这一方法适用于规模适度的问题，而通过电动工具市场的数据检验也证明该方法比分开考虑两种情况下的最优设计能获得更多的收益。丁士海、韩之俊（2011）在 Bass 模型的基础上，综合考虑了当竞争与重复购买都可能存在情况下的耐用品品牌扩散问题，对此进行了建模分析，数值分析的结果表明该模型对现实耐用品品牌市场具有一定的解释力。程红、颜锦江、汪贤裕（2013）在研究具有网络外部性的耐用品寡头垄断市场竞争时考虑了厂商初始规模这一因素，结果认为如果初始市场规模不均等可能会导致市场上最终出现垄断。

1.2.6 文献述评

耐用品的研究领域已积累了大量优秀的研究成果，这些成果从不同角度、利用不同方法探索了耐用品的相关特性和厂商的决策优化问题，对本书的研究起到了很好的指引与借鉴作用。但是，综观国内外的已有文献，发现目前涉及耐用品易耗部件问题的研究极少，本书最先开辟了该领域的研究。本书通过对我国耐用品市场消费情况的调研发现，耐用品中易耗部件的存在，对消费者的初次购买、购买后耐用品的废弃以及再次购买新耐用品等消费行为均产生了不同程度的影响。因此，耐用品厂商对耐用品易耗部件兼容策略的选择和实施将会对耐用品市场产生巨大的影响。同时，耐用品厂商其他的市场策略也不同程度地受到易耗部件相关状况的影响。对于耐用品垄断厂商而言，在考虑易耗部件影响的条件下，究竟是应该采用耐用品租赁策略还是销售策略？耐用品二手市场上的信息不对称将会对存在易耗部件的耐用品垄断厂商的决策带来什么样的影响？当易耗部件的需求存在价格弹性时，耐用品垄断厂商的易耗部件是否该与外部同类产品兼容？如果耐用品垄断厂商的易耗部件生产能力有限，该厂商又应如何通过易耗部件兼容策略的选择来获取自己的最大收益？这些问题将是本书所要研究和解决的问题，这些问题的研究和解决不仅具有一定的现实指导意义，也会丰富和拓展耐用品的理论研究内容。

1.3 研究方法

本书在研究过程中综合运用了如下研究方法。

（1）观察法。观察法的运用是本研究开展的源头和起点，正是通过观察耐用品的消费和使用特点而发现本书研究的焦点——易耗部件。

（2）文献研究法。通过文献研究法对前人有关耐用品的研究成果进行了梳理和总结，借鉴了其中诸多的研究思想、建模方法和研究视角，是本书开展研究的理论基础。

（3）对比方法。本书通过对不同市场策略下的耐用品垄断厂商收益进行对比，得出孰优孰劣的结论，对比方法是本书获得研究结论的重要手段。

（4）定性分析法。本书在相关概念的界定、研究对象和研究内容的确定及本书整体研究框架的构建上都大量运用了定性分析的方法。通过定性分析厘清了耐用品市场中各参与主体之间的关系，也为进一步的定量分析打下了严密的逻辑基础。

（5）定量分析法。本书采用数理模型分析方法对存在易耗部件的耐用品垄断厂商的市场策略进行研究，期间大量运用了决策优化和博弈论等定量分析工具，使本书的研究结论更加客观严谨。定量分析是本书结论和成果的关键和根本。

（6）案例研究法。为了说明本书研究结论的科学性和实用性，书中对部分研究结论进行了案例说明，通过案例诠释了研究结论在实际中的存在性和指导意义，升华了本研究的现实意义。

第 2 章　存在易耗部件的耐用品垄断厂商租售策略选择研究

2.1　引言

研究耐用品厂商的市场策略问题，应先对该厂商所处的行业市场结构加以辨析，就中国的耐用品厂商而言，全国范围的完全垄断的行业结构比较少见，但是仍然存在，如中国中车股份有限公司在我国的轨道交通装备制造行业就具有很强的垄断优势。此外，还有很多的耐用品厂商凭借政策或地域的优势而取得了一定范围内的市场支配地位，对行业发展和消费者都有较大的影响。因此，本章将从耐用品厂商收益最大化的角度出发，拟在已有耐用品文献的基础上，研究存在易耗部件的耐用品垄断厂商在市场上销售和租赁策略的选择问题。由于易耗部件的存在，耐用品垄断厂商在决策时不仅要考虑耐用品耐用部分对决策的影响，还要考虑易耗部件对决策的影响，这将使耐用品垄断厂商的市场决策变得更加复杂，为了帮助厂商进行科学决策，本书将通过数学建模来开展量化分析，并给出优化策略建议。

2.2 存在易耗部件的耐用品垄断厂商
租售策略模型及假设

根据通常的表达习惯，本书将耐用品的耐用部分简称为耐用品。本书拟建立一个两阶段的数学模型，并假设耐用品的使用寿命较长，至少可以使用一个阶段，但其寿命不是无限的，因为会受到耐用度的限制；相应的易耗部件的使用寿命则较短，至多可以使用一个阶段，使用期限受到易耗部件耐用度的制约。虽然厂商可以在两阶段内针对耐用品选择不同的耐用度，但由于其至少可以使用一个阶段，而模型只有两个阶段，厂商在第二阶段更换耐用品耐用度的策略没有实际意义，故假定耐用品的耐用度在第一阶段确定后将保持不变。而易耗部件至多只能存在一个阶段，因此厂商可以把在两阶段内选择不同的易耗部件耐用度作为其实现最优决策的一个手段。

2.2.1 研究假设

假设在一个总容量为 $a > 0$ 的耐用品市场中，某耐用品厂商对该耐用品市场实现了垄断，且对易耗部件采取了不兼容策略，从而也垄断了该耐用品的易耗部件市场。本书通过建立一个两阶段的数学模型对厂商的策略进行分析。下面给出模型所需的假设条件。

（1）耐用品的使用寿命受到其耐用度 $\phi \in (0,1)$ 的限制。这

里的耐用度 ϕ 表示某阶段生产的耐用品在该阶段结束时还能继续享有的产品服务的百分比。相比而言，易耗部件的使用寿命较短，且厂商可以在不同的阶段内选择不同的耐用度，因此假设 $\delta_i \in (0,1)$（ $i=1,2$ ）为易耗部件在第 i 阶段的耐用度，但是为了使模型与现实尽可能接近，本书不把 δ_i 直接作为变量放入模型，而是另外假设了一个变量 $X(\delta_i)(i=1,2)$，代表易耗部件在第 i 阶段需要更换的次数，以此得出耐用品与易耗部件之间的数量关系。当然，$X(\delta_i)$ 必须满足 $X'(\delta_i) < 0$ 的前提条件。

（2）假设厂商在第一阶段使用租售混合策略，其中被租赁的产品比例 $f \in [0,1]$。当 $f=1$ 时，表示厂商采取纯租赁策略；当 $f=0$ 时，则表示厂商采用纯销售策略。由于模型只有两个阶段，而第二阶段的销售和租赁策略在收益上并没有区别，租赁策略只存在于模型的第一阶段，其租赁的价格为 l_{1n}，租赁期满后的第一阶段产品将进入二手市场进行重新流通和销售，这样在第二阶段就会有新、旧两种产品分别以 p_{2n} 和 p_{2u} 的价格出售。而第一阶段生产的产品销售价格 p_{1n} 是第一阶段产品的租赁价格加上第二阶段销售的旧产品价格在第一阶段的折现，即 $p_{1n} = l_{1n} + \rho p_{2u}$，$\rho$ 为折现因子。根据本书对耐用品的定义可知，进入第二阶段的旧产品数量 $q_{2u} = q_{1n}$（因为定义耐用品可以存续至少一个阶段）。

（3）由于耐用品易耗部件的使用数量由耐用品的使用数量决定，不适合直接作为决策变量，本书把易耗部件的价格作为决策变量，设为 $p_{ia}(i=1,2)$，相应阶段的易耗部件产量则为 q_{ia}（$i=1,2$），$\lambda \in (0,\infty)$ 为易耗部件的需求价格弹性系数。

（4）垄断厂商在第i阶段的收益为$\pi_i(i=1,2)$，两个阶段的总收益为π。

2.2.2 模型及求解

两阶段的数学模型如下。

第二阶段：

$$p_{2n} = a - q_{2n} - \phi q_{1n} \tag{2-1}$$

$$p_{2u} = \phi(a - q_{2n} - q_{2u}) \tag{2-2}$$

$$q_{2a} = X(\delta_2)(q_{2n} + \phi q_{1n}) - \lambda p_{2a} \tag{2-3}$$

第一阶段：

$$l_{1n} = a - q_{1n} \tag{2-4}$$

$$p_{1n} = l_{1n} + \rho p_{2u} \tag{2-5}$$

$$q_{1a} = X(\delta_1)q_{1n} - \lambda p_{1a} \tag{2-6}$$

根据式（2-1）～式（2-3），可得垄断厂商在第二阶段的收益：

$$\pi_2 = p_{2n}q_{2n} + fp_{2u}q_{2u} + p_{2a}q_{2a} \tag{2-7}$$

式中：$p_{2n}q_{2n}$表示第二阶段生产的耐用品的销售收益，$fp_{2u}q_{2u}$表示第一阶段生产的被租赁的耐用品在第二阶段的销售收益。需要指出的是有，一部分在第一阶段生产而被出售的耐用品，因为其收益已不属于垄断厂商所有，在这里不考虑此部分耐用品的收益问题，但是由于该部分耐用品仍在使用，仍然需要消费易耗部件，在计算第二阶段易耗部件的收益时将其考虑在内。$p_{2a}q_{2a}$ 表示第二阶段易耗部件的销售收益。

根据最优一阶条件，以及 $q_{2u} = q_{1n}$，可得反应方程：

$$q_{2n}{}^* = \frac{a - \phi q_{1n}(1+f) + p_{2a}X(\delta_2)}{2} \qquad (2-8)$$

$$p_{2a}{}^* = \frac{X(\delta_2)(q_{2n} + \phi q_{1n})}{2\lambda} \qquad (2-9)$$

从式（2-8）和式（2-9）中不难看出，第二阶段耐用品的最优产量与第一阶段租赁策略的比例 f 成反比，并且与第一阶段的耐用品产量成反比。原因是第一阶段耐用品的产量如果增加，在总市场需求量不变的情况下，第二阶段的耐用品产量势必要降低；如果第一阶段租赁的比例上升，进入第二阶段可控的旧产品数量就会随之上升，从而对第二阶段新产品的需求带来更大的负面影响。

第一阶段的收益表达式：

$$\pi_1 = fq_{1n}l_{1n} + (1-f)q_{1n}p_{1n} + p_{1a}q_{1a} \qquad (2-10)$$

两个阶段的总收益：

$$\pi - \pi_1 + \rho\pi_2{}^* \qquad (2-11)$$

同样地，根据最优化的一阶条件，求得租赁策略的最优比例：

$$f^* = 1 \qquad (2-12)$$

在此基础上进一步求得方程：

$$q_{1n}^{\ *} = \frac{a + p_{1a}X(\delta_1)}{2(1 + \rho\phi - \rho\phi^2)} \qquad (2-13)$$

$$p_{1a}^{\ *} = \frac{X(\delta_1)q_{1n}}{2\lambda} \qquad (2-14)$$

由式（2-12）、式（2-13）、式（2-14）可得

$$q_{1n}^{\ **} = \frac{2a\lambda}{4\lambda(1 + \rho\phi - \rho\phi^2) - X^2(\delta_1)} \qquad (2-15)$$

$$p_{1a}^{\ **} = \frac{aX(\delta_1)}{4\lambda(1 + \rho\phi - \rho\phi^2) - X^2(\delta_1)} \qquad (2-16)$$

从上述两个表达式可以看出，变量间应先满足 $4\lambda(1 + \rho\phi - \rho\phi^2) - X^2(\delta_1) > 0$ 的前提条件，因为 $q_{1n}^{\ **}$ 和 $p_{1a}^{\ **}$ 均应大于或等于零。

由式（2-8）、式（2-9）、式（2-12）、式（2-15）、式（2-16）得：

$$q_{2n}^{\ **} = 2a\lambda\left[\frac{1}{4\lambda - X_2^{\ 2}(\delta)} - \frac{\phi}{4\lambda(1 + \rho\phi - \rho\phi^2) - X^2(\delta_1)}\right] \qquad (2-17)$$

$$p_{2a}^{\ **} = \frac{aX(\delta_2)}{4\lambda - X^2(\delta_2)} \qquad (2-18)$$

2.3　存在易耗部件的耐用品垄断厂商租售策略模型分析

2.3.1　租售混合策略分析

命题 2.1：当耐用品厂商处于完全垄断的市场地位时，其租售混合策略退化为完全租赁纯策略。

证明：式（2-12）所求得的租赁策略最优比例 $f^* = 1$。表明厂商在垄断情况下的最优策略是对所有产品实行租赁。

命题 2.1 与大多数有关耐用品垄断问题的研究结果相同，当耐用品厂商处于完全垄断地位时，其最优策略是对所有产品施行租赁，即厂商的租售混合策略退化成了租赁纯策略，这也从侧面证明了本模型的正确性。

2.3.2　耐用品最优产量分析

命题 2.2：当耐用品耐用度 $\phi \in (0, \sqrt{\dfrac{X^2(\delta_1) - 4\lambda}{4\lambda\rho}})$ 时，垄断厂商第二阶段的耐用品最优产量 q_{2n}^{**} 与耐用品耐用度 ϕ 正相关；当耐用品耐用度 $\phi \in (\sqrt{\dfrac{X^2(\delta_1) - 4\lambda}{4\lambda\rho}}, 1)$ 时，耐用品最优产量 q_{2n}^{**} 与耐用品耐用度 ϕ 负相关。

耐用品耐用度对第二阶段耐用品产量的影响是先正向后负

向的。原因是当ϕ处于较低水平时，第二阶段生产的新耐用品相对于第一阶段生产的旧耐用品的质量优势会随着ϕ值的增加而逐渐增强，所以第二阶段耐用品的最优产量也随之增加；但是，当ϕ超过$\sqrt{\dfrac{X^2(\delta_1)-4\lambda}{4\lambda\rho}}$值之后，旧耐用品对新耐用品的替代作用就会越来越显著，从而导致第二阶段新耐用品最优产量相应减少。

命题 2.3：当耐用品耐用度$\phi \in (0,\dfrac{1}{2})$时，垄断厂商第一阶段的耐用品最优产量$q_{1n}^{**}$与耐用品耐用度$\phi$负相关；当耐用品耐用度$\phi \in (\dfrac{1}{2},1)$时，耐用品最优产量$q_{1n}^{**}$与耐用品耐用度$\phi$正相关。

命题 2.3 与命题 2.2 中出现了两个不同的拐点值$\sqrt{\dfrac{X^2(\delta_1)-4\lambda}{4\lambda\rho}}$和$\dfrac{1}{2}$。当两者相等时，在市场容量$a$的约束下，两命题正好完美相符。但当两者不等时，需分两种情况加以讨论。

（1）在$\sqrt{\dfrac{X^2(\delta_1)-4\lambda}{4\lambda\rho}} < \dfrac{1}{2}$的情况下

当$0 < \phi < \sqrt{\dfrac{X^2(\delta_1)-4\lambda}{4\lambda\rho}}$时，$q_{1n}^{**}$随着$\phi$值的增大而减少；$q_{2n}^{**}$随着$\phi$值的增大而增加。

当$\sqrt{\dfrac{X^2(\delta_1)-4\lambda}{4\lambda\rho}} < \phi < \dfrac{1}{2}$时，$q_{1n}^{**}$随着$\phi$值的增大而减少；$q_{2n}^{**}$随着$\phi$值的增大而减少。

当 $\frac{1}{2} < \phi < 1$ 时，q_{1n}^{**} 随着 ϕ 值的增大而增加；q_{2n}^{**} 则随着 ϕ 值的增大而减少。

（2）在 $\sqrt{\dfrac{X^2(\delta_1) - 4\lambda}{4\lambda\rho}} > \dfrac{1}{2}$ 的情况下

当 $0 < \phi < \dfrac{1}{2}$ 时，q_{1n}^{**} 随着 ϕ 值的增大而减少；q_{2n}^{**} 随着 ϕ 值的增大而增加。

当 $\dfrac{1}{2} < \phi < \sqrt{\dfrac{X^2(\delta_1) - 4\lambda}{4\lambda\rho}}$ 时，q_{1n}^{**} 随着 ϕ 值的增大而增加；q_{2n}^{**} 随着 ϕ 值的增大而增加。

当 $\sqrt{\dfrac{X^2(\delta_1) - 4\lambda}{4\lambda\rho}} < \phi < 1$ 时，q_{1n}^{**} 随着 ϕ 值的增大而增加；q_{2n}^{**} 随着 ϕ 值的增大而减少。

由上可知，当 $\sqrt{\dfrac{X^2(\delta_1) - 4\lambda}{4\lambda\rho}} < \phi < \dfrac{1}{2}$ 时，耐用度 ϕ 的增大会使厂商收益减少，因为 q_{1n}^{**} 和 q_{2n}^{**} 会随着 ϕ 值的增大而同时减少。而当 $\dfrac{1}{2} < \phi < \sqrt{\dfrac{X^2(\delta_1) - 4\lambda}{4\lambda\rho}}$ 时，耐用度 ϕ 的增大则会使厂商收益增加，此时 q_{1n}^{**} 和 q_{2n}^{**} 会随着 ϕ 值的增大而同时增加。从垄断厂商决策的角度，应尽可能使 $\sqrt{\dfrac{X^2(\delta_1) - 4\lambda}{4\lambda\rho}} \geqslant \dfrac{1}{2}$，且让 ϕ 值落在 $[\dfrac{1}{2}, \sqrt{\dfrac{X^2(\delta_1) - 4\lambda}{4\lambda\rho}})$ 区间内。

命题 2.4：垄断厂商第二阶段耐用品的最优产量 q_{2n}^{**} 与第一

阶段耐用品易耗部件的耐用度 δ_1 正相关，与第二阶段易耗部件的耐用度 δ_2 负相关。换句话说，垄断厂商可以通过采用增大第一阶段易耗部件的耐用度 δ_1 和减小第二阶段易耗部件的耐用度 δ_2 的方法来增加耐用品第二阶段的最优产量 q_{2n}^{**}。

当垄断厂商想通过增大第二阶段耐用品的最优产量来增加收益时，会先增大第一阶段易耗部件的耐用度，虽然这将降低垄断厂商在第一阶段易耗部件上的获利，但可以提高消费者对该耐用品整体质量的认同度，从而吸引更多的消费者在第二阶段购买新产品。当进入第二阶段后，再把易耗部件的耐用度降低，增加第二阶段易耗部件的消费量，由此可达到获得更多利润的目的。

命题 2.5：垄断厂商第一阶段耐用品的最优产量 q_{1n}^{**} 与第一阶段易耗部件耐用度 δ_1 负相关，但与第二阶段易耗部件耐用度 δ_2 无直接关系。

当单纯考虑第一阶段收益时，耐用品的产量越大，市场对易耗部件需求量的基数也越大，这时通过降低易耗部件的耐用度，能较大幅度提高该阶段易耗部件的总消费量，从而获取更多的超额利润。

2.3.3 易耗部件的最优价格分析

命题 2.6：垄断厂商各阶段易耗部件的最优价格只与该阶段易耗部件的耐用度有关，且呈负相关关系；与另一阶段易耗部件的耐用度无关。

因为垄断厂商同时垄断着易耗部件市场，所以在某阶段内，垄断厂商会通过降低易耗部件耐用度来提高易耗部件的更换次数（但必须满足 $4\lambda - X^2(\delta_2) > 0$ 和 $4\lambda(1 + \rho\phi - \rho\phi^2) - X^2(\delta_1) > 0$ 的前提条件），同时提高易耗部件价格，从而获取更大收益。

命题 2.7：当耐用品耐用度 $\phi \in (0, \frac{1}{2})$ 时，垄断厂商第一阶段的易耗部件最优价格 p_{1a}^{**} 与耐用品耐用度 ϕ 负相关；当耐用品耐用度 $\phi \in (\frac{1}{2}, 1)$ 时，第一阶段的易耗部件最优价格 p_{1a}^{**} 与耐用品耐用度 ϕ 正相关。但第二阶段的易耗部件最优价格 p_{2a}^{**} 却与耐用品耐用度 ϕ 无关。

要想很好地理解命题 2.7，需将命题 2.3、命题 2.5 和命题 2.6 结合起来。因为当 $0 < \phi < \frac{1}{2}$ 时，随着 ϕ 值增大，耐用品第一阶段的最优产量 q_{1n}^{**} 会减小（命题 2.3），而这又引起易耗部件耐用度 δ_1 的增大（命题 2.5），最终导致第一阶段易耗部件最优价格 p_{1a}^{**} 的降低（命题 2.6）。同理，当 $\frac{1}{2} < \phi < 1$ 时，最优价格 p_{1a}^{**} 随着 ϕ 值的增大而增加。当进入第二阶段后，由于耐用品的耐用度已经确定不变，且新产品可以在完整的第二阶段内使用，易耗部件在定价时就无须考虑耐用品耐用度的影响。

2.4 结论

本书从耐用品的使用特性出发，通过对耐用品不同部分使用特性的区分，对耐用品的耐用部分和易耗部件做了界定，并建立了适用于租售混合策略分析的两阶段数学模型，经过模型的求解和分析得出了考虑易耗部件时垄断厂商关于租售混合策略、耐用品最优产量选择和易耗部件最优定价等三个方面的相关结论。

（1）垄断的市场条件下，耐用品垄断厂商的租售混合策略退化为租赁纯策略。

（2）耐用品的最优产量与耐用品及其易耗部件的耐用度之间有如下关系：第一阶段耐用品的最优产量与耐用品耐用度先负相关后正相关，与第一阶段易耗部件耐用度负相关，但与第二阶段易耗部件耐用度无关；第二阶段耐用品的最优产量与耐用品耐用度先正相关后负相关，与第一阶段易耗部件耐用度正相关，与第二阶段易耗部件耐用度负相关。

（3）易耗部件的最优价格与耐用品及其易耗部件的耐用度之间有如下关系：第一阶段易耗部件的最优价格与耐用品耐用度先负相关后正相关；第二阶段易耗部件的最优价格与耐用品耐用度无关；各阶段易耗部件的最优价格只与该阶段易耗部件的耐用度负相关，与另一阶段易耗部件的耐用度无关。

以上结论从不同的侧面反映了带有易耗部件的耐用品的某

些特征和垄断厂商决策时所应遵循的市场规律，为存在易耗部件的耐用品垄断厂商在进行销售或租赁策略决策时提供了理论和现实指导。同时，深刻揭示了耐用品及其易耗部件的耐用度等因素对耐用品垄断厂商收益最大化决策的影响规律。

第 3 章　二手市场信息对存在易耗部件的耐用品垄断厂商决策的影响研究

3.1   引言

随着经济学和心理学研究的结合，学者们发现消费者的心理情绪会对其消费行为产生一定的影响。Kahneman（1979）等的研究表明，人们在面临同等大小的"损失"和"获得"时会产生不同程度的情绪效用，由"损失"造成的绝对失望情绪效用要大于由"获得"产生的绝对快乐情绪效用，人们对"损失"要比"获得"更敏感。该结论后来被称为"展望（前景）理论"。在"展望理论"的基础上，Koszegi（2009）等认为一个消费者从使用的某物品中所得的总效用可分为消费效用（来自物品本身的使用效用）和参考效用（获得 / 损失的情绪效用）两部分，其中参考效用就是指该物品的实际价值与消费者的参考点之间的偏离而给消费者带来的情绪效用，且该参考点是由消费者根据先前经验所得或外部信息所确定。本书根据以上"展望理论"，在研究中假设耐用品消费者对"损失"所产生的失望情绪效用比"获得"的情绪效用更加敏感，并将耐用品给消费者带来的总效用划分为服务效用和情绪效用两部分，在此基本假设下展开研究。现实中影响消费者购买或使用耐用品决策的因素有很多，信息因素便是其中之一。Akerlof（1970）对信息不对称的二手车市场中的"逆向选择"问题做了研究，此后不断有学者对此理论进行验证和拓展。本书沿用了上述研究中信息私有化的研究假设，并在模型中将质量信息参数化，以此来量化信息的影响作用。

众所周知，在产品的生产过程中，生产线、原料质量、工人操作水平的差异等都会造成产品质量的波动，这些波动会造成部分消费者所购买产品的质量不能达到其预期，进而使其产生情绪"损失"效用。对于低值的耐用品来说，消费者产生的情绪"损失"效用较小，如钢笔、杯子等。但如果耐用品的价值较高，如汽车、高档家具等，消费者产生的"损失"效用就会较大，并且这种情绪"损失"效用会影响消费者对耐用品的更换行为。

新耐用品质量的不稳定性会通过消费者的转售行为传至二手市场并引发耐用品二手市场的信息不对称。由于买方难以在购买时充分了解所买旧耐用品的真实质量，买方对旧耐用品质量的期望值与实际质量之间极大可能会产生一定的偏差，并由此产生情绪的"损失"效用或"获得"效用，这种现象在一定程度上阻碍了耐用品二手交易的进行。现实中，为了促进二手交易的顺利进行，有些二手耐用品市场（如二手汽车市场）中设置了质量评估中介机构来帮助购买者了解所购产品的实际质量。鉴于耐用品二手市场信息状况对消费者和厂商的重要性，本书将从消费者效用出发，通过构建耐用品垄断厂商决策模型来研究二手市场信息状况对耐用品垄断厂商决策的影响问题。

3.2　基本假设与模型构建

3.2.1　基本假设

假定某耐用品垄断厂商生产的耐用品可以为消费者服务两期。由于耐用品的质量存在不稳定性，且耐用品价值与质量水平之间是正相关的，质量的波动就会使耐用品的实际价值与消费者的期望价值（这里期望价值为消费者的参考价值点）之间可能存在一定的偏离，这种偏离有可能是正向的也可能是负向的。因此，对耐用品价值做如下假设：当实际质量高于期望质量时，耐用品的价值为 $v = v_0(1+s)$，反之耐用品的价值为 $v = v_0(1-s)$，其中 $s \in [0,1]$ 表示耐用品质量的不稳定性所导致的实际质量偏差，$Ev = v_0$ 为消费者对耐用品的期望价值。假定消费者具有异质性，设消费者类型为 θ，且均匀分布于 $[0,1]$，那么价值为 v 的耐用品对类型为 θ 的消费者所产生的实际价值为 θv。进一步假设消费者每次只购买和使用一个该耐用品，并且由于消费者对耐用品服务会产生一定的依赖（如对于手机、电脑或汽车等耐用品，消费者一旦使用后都会对这些产品提供的服务产生一定的依赖性），消费者需要更换时才会再次购买和使用该耐用品。所以，本书将考虑消费者无限期消费该耐用品的情况。

3.2.2 模型构建

本书将消费者购买耐用品所得的总效用分为两部分：一部分是消费者从耐用品使用中所获得的服务效用为 θv，另一部分是由于耐用品质量的不确定性对消费者产生的情绪效用。再根据耐用品消费市场特点，将每期的耐用品消费者分为一手市场消费者、二手市场消费者和不购买耐用品消费者这三种类型。这样，根据以上假设，在每期的消费者市场中就存在 θ_1 和 θ_2 两个分界点，类型在 $[\theta_1,1]$ 的消费者为一手市场消费者，类型在 $[\theta_2,\theta_1)$ 的消费者为二手市场消费者，类型在 $[0,\theta_2)$ 的消费者为不购买该耐用品的消费者。

假设类型为 $\theta \in [\theta_1,1]$ 的消费者在第 t 期购买新耐用品所获得的总效用为 $v_t^n(\theta)$，则有以下两种可能。

第一，当消费者所购新耐用品质量高于其期望值时，即 $v = v_0(1+s) > v_0$ 时有

$$v_t^{nh}(\theta) = (\theta v - p_n) + \mu[\theta(v - v_0)] + \delta[\phi\theta v + \delta E v_{t+2}^n(\theta)] \quad （3-1）$$

其中，p_n 为新耐用品价格；$\theta v - p_n$ 为类型 θ 的消费者在第 t 期从耐用品消费中获得的服务效用；$\mu[\theta(v - v_0)]$ 为类型 θ 的消费者在第 t 期因购买的耐用品价值超过其期望值所得的情绪"获得"效用，$\mu \in (0,\infty)$ 为耐用品价值和情绪效用之间的关系系数；$\delta \in (0,1)$ 为折现率。

由于消费者购买到"满意"的耐用品会继续使用，$\phi\theta v$ 为消费者在第 $t+1$ 期继续持有该耐用品所获得的服务效用，$\phi \in (0,1)$

为耐用品的耐用度；$Ev_{t+2}^n(\theta)$为消费者在第 $t+2$ 期再购买新耐用品时所得的期望效用。

第二，当消费者购买的新耐用品质量低于其期望质量，即 $v = v_0(1-s) < v_0$ 时有

$$v_t^{nl}(\theta) = (\theta v - p_n) + \lambda\mu[\theta(v - v_0)] + \delta[p_u + Ev_{t+1}^n(\theta)] \qquad (3-2)$$

其中，$\lambda\mu\theta(v-v_0)$ 为消费者在第 t 期因购买的耐用品质量低于期望值所得的情绪"损失"效用。根据展望理论，对于同等程度偏离所产生的情绪效用，情绪"损失"效用的绝对值大于情绪"获得"效用的绝对值，本书将两者之间的比值称为"情绪效用比"，以 λ（$\lambda > 1$）表示。

由于消费者购买到"不满意"的耐用品，会在下一期选择更换，p_u 和 $Ev_{t+1}^n(\theta)$ 分别为消费者 $t+1$ 期内在二手市场中卖掉旧耐用品的价格和购买新耐用品所得的期望效用。

设消费者购买的新耐用品质量高于或低于其期望值的概率各为 $\dfrac{1}{2}$，则有下式成立：

$$Ev_t^n(\theta) = \frac{1}{2}v_t^{nh}(\theta) + \frac{1}{2}v_t^{nl}(\theta) \qquad (3-3)$$

其中，$v_t^{nh}(\theta)$ 是当消费者购买的新耐用品质量高于其期望质量时所得的实际效用；$v_t^{nl}(\theta)$ 则是当消费者购买的新耐用品质量低于其期望质量时所得的实际效用。

由于在稳定均衡条件下，有 $Ev_t^n(\theta) = Ev_{t+1}^n(\theta) = Ev_{t+2}^n(\theta)$，分别将式（3-1）、式（3-2）代入式（3-3）可得

$$v_t^n(\theta) = \frac{2(\theta v_0 - p_n) + (1-\lambda)\mu\theta v_0 s + \delta\phi\theta v_0(1+s) + \delta p_u}{2 - \delta - \delta^2} \quad (3-4)$$

对于属于 $[\theta_2, \theta_1)$ 的二手市场消费者，其购买旧耐用品时存在二手市场信息对称和不对称两种情况。因此，下面将对这两种情况分别进行分析。

1. 二手市场信息不对称情况

在这里，$Ev = \phi[\frac{1}{2}(v_0 + v_0 s) + \frac{1}{2}(v_0 - v_0 s)] = \phi v_0$ 为消费者在二手市场购买旧耐用品的期望价值，而根据前面假设，消费者购买的旧耐用品的实际价值只可能是 $\phi v_0(1-s)$，因此类型为 θ 的消费者购买旧耐用品获得的实际总效用为

$$v_t^u(\theta) = \theta\phi v_0(1-s) - p_u - \lambda\mu\{\theta[\phi v_0 - \phi v_0(1-s)]\} + \delta Ev_{t+1}^u(\theta) \quad (3-5)$$

其中，$\theta\phi v_0(1-s) - p_u$ 为类型 θ 的消费者购买旧耐用品所获得的服务效用，p_u 为旧耐用品价格；$\lambda\mu\{\theta[\phi v_0 - \phi v_0(1-s)]\}$ 为其因购买的二手耐用品价值小于其期望价值所产生的情绪"损失"效用。

在稳定均衡条件下，有 $v_t^u(\theta) = v_{t+1}^u(\theta)$，由式（3-5）可得

$$v_t^u(\theta) = \frac{\theta\phi v_0(1-s) - p_u - \lambda\mu\theta\phi v_0 s}{1-\delta} \quad (3-6)$$

由于位于 θ_1 点的消费者购买新、旧耐用品的效用之间无差异，即有 $v_t^n(\theta) = v_t^u(\theta)$，可得

$$\theta_1 = \frac{2[p_n - (1+\delta)p_u]}{v_0[2 - 2\phi + \mu s(1-\lambda) + 2\phi s(1+\delta) + \lambda\mu\phi s(2+\delta)]} \quad (3-7)$$

由于位于 θ_2 点的消费者购买旧耐用品的效用与不购买的效用无差异，即有 $v_t^u(\theta) = 0$，可得

$$\theta_2 = \frac{p_u}{\phi v_0(1-s-\lambda\mu s)} \tag{3-8}$$

显然，式（3-8）应满足约束条件：

$$1-s-\lambda\mu s > 0 \tag{3-9}$$

为了继续深入分析，需要先通过证明得到两个引理。

引理 3.1：稳定均衡状态下，在每期的耐用品一手市场 $[\theta_1, 1]$ 中，有 $\frac{2}{3}$ 的消费者购买新耐用品。

证明：设在第 t 期内 $[\theta_1, 1]$ 中有 x_t 的消费者购买新耐用品，这意味着有 $1-x_t$ 的消费者持有的是前一期（第 $t-1$ 期）购买的新耐用品，根据假设，消费者在第 $t-1$ 期购买新耐用品时有 $\frac{1}{2}$ 的概率购买到高质量产品，其将会在第 t 期继续持有，由此可知第 t 期 $1-x_t$ 的消费者是由第 $t-1$ 期中 $\frac{1}{2}x_{t-1}$ 比例的消费者转变而来，即 $1-x_t = \frac{1}{2}x_{t-1}$，又因为在稳定均衡状态下 $x_t = x_{t-1}$，可推得等式 $\frac{1}{2}x_t = 1-x_t$，解之得 $x_t = \frac{2}{3}$。

引理 3.2：在稳定均衡状态下，每期的耐用品二手市场消费者数量为一手市场消费者数量的 $\frac{1}{3}$。

证明：根据引理 3.1，稳定均衡状态下，在每期的耐用品

一手市场$[\theta_1,1]$中，有$\frac{2}{3}$的消费者购买新耐用品，他们有$\frac{1}{2}$的概率购买到低质量的新耐用品，那些购买到低质量耐用品的消费者会在下一期的二手市场中将旧耐用品卖出。那么有等式$\frac{1}{2}\times\frac{2}{3}(1-\theta_1)=\theta_1-\theta_2$成立，可进一步得出$\frac{1-\theta_1}{3}=\theta_1-\theta_2$的结论。

下面分析耐用品垄断厂商的最优产量和市场出清价格问题，设y为稳定均衡状态下每期新耐用品的市场需求，根据引理3.1和引理3.2，有如下等式成立：

$$\begin{cases} \dfrac{2(1-\theta_1)}{3}=y \\ \dfrac{1-\theta_1}{3}=\theta_1-\theta_2 \end{cases} \quad (3-10)$$

将式（3-7）和式（3-8）的θ_1和θ_2代入式（3-10），解得耐用品一手市场价格和二手市场价格分别为

$$p_n=\frac{1}{4}v_0[4-6y+2\mu s-2\mu s\lambda-2y\phi+2y\phi s+ \\ y\mu s(-3+3\lambda+2\phi\lambda+5\delta\phi\lambda)+2\delta\phi(-\mu s\lambda+2-4y+ys)]$$

$$(3-11)$$

$$p_u=\phi v_0(2y-1)(\mu s\lambda+s-1) \quad (3-12)$$

根据约束条件$1-s-\lambda\mu s>0$，由式（3-12）可知一手市场需求$y<\frac{1}{2}$。

在不影响讨论结果准确的前提下，不妨假设垄断厂商生产耐用品的成本为零，那么垄断厂商的每期利润为$\pi=p_n y$。将式

（3-11）代入该式，同时对y求导得

$$\frac{\mathrm{d}\pi}{\mathrm{d}y} = \frac{1}{2}v_0 y[2\phi(s-1-4\delta+\delta s)+\mu s(3\lambda-3+2\phi+5\delta\phi\lambda)-6]+$$

$$\frac{1}{4}v_0[2\mu s(1-\lambda-\delta\phi\lambda)+4+4\delta\phi]$$

（3-13）

根据最优化一阶条件，得

$$y^* = \frac{\delta\phi\mu\lambda s+\mu s\lambda-\mu s-2\delta\phi-2}{s(-3\mu+3\mu\lambda+2\phi+2\delta\phi+2\phi\mu\lambda+5\delta\mu\lambda)-8\delta\phi-2\phi-6}$$

（3-14）

再将y^*代入式（3-11）和式（3-12），得到市场出清情况下的耐用品一手市场价格和二手市场价格分别为：

$$p_n^* = -\frac{1}{4}v_0(\delta\phi\mu\lambda s+\mu s\lambda-\mu s-2\delta\phi-2) \qquad （3-15）$$

$$p_u^* = \phi v_0(\mu s\lambda+s-1)$$

$$[\frac{2(\delta\phi\mu\lambda s+\mu s\lambda-\mu s-2\delta\phi-2)}{s(-3\mu+3\mu\lambda+2\phi+2\delta\phi+2\phi\mu\lambda+5\delta\mu\lambda)-8\delta\phi-2\phi-6}-1]$$

（3-16）

由式（3-15）可知，应满足约束条件：

$$\delta\phi\mu\lambda s+\mu s\lambda-\mu s-2\delta\phi-2<0 \qquad （3-17）$$

再由式（3-14）和式（3-17）可得如下约束条件：

$$s(-3\mu+3\mu\lambda+2\phi+2\delta\phi+2\phi\mu\lambda+5\delta\mu\lambda)-8\delta\phi-2\phi-6<0 \quad （3-18）$$

2. 二手市场信息对称情况

在这里，二手市场消费者购买的二手耐用品的实际价值等于其期望价值，在这种情况下不存在情绪效用（为了与二手市场信息不对称情况相区别，此部分二手市场信息对称情况下的变量表达式添加了上标或下标"s"）。通过进一步的分析可知，$v_t^{us}(\theta) = \theta\phi v_0(1-s) - p_{us} + \delta E v_{t+1}^{us}(\theta)$，在稳定均衡条件下，有 $v_t^{us}(\theta) = v_{t+1}^{us}(\theta)$，由上式解得 $v_t^{us}(\theta) = \dfrac{\theta\phi v_0(1-s) - p_{us}}{1-\delta}$。

位于 θ_{1s} 点的消费者购买耐用品的效用满足关系式 $v_t^{ns}(\theta) = v_t^{us}(\theta)$，解得

$$\theta_{1s} = \frac{2[p_{ns} - (1+\delta)p_{us}]}{v_0[2 - 2\phi(1-s) + \mu s(1-\lambda) + 2\delta\phi s]} \qquad （3-19）$$

位于 θ_{2s} 点的消费者，则有 $v_t^{us}(\theta) = 0$，解得

$$\theta_{2s} = \frac{p_{us}}{v_0\phi(1-s)} \qquad （3-20）$$

同理，设 y_s 为均衡状态下每期新耐用品市场需求，依据引理 3.1 和引理 3.2，有如下等式成立：

$$\begin{cases} \dfrac{2(1-\theta_{1s})}{3} = y_s \\[3mm] \dfrac{1-\theta_{1s}}{3} = \theta_{1s} - \theta_{2s} \end{cases} \qquad （3-21）$$

将式（3-19）和式（3-20）代入上式解得

$$p_{ns} = \frac{1}{4}v_0(4 - 6y_s + 2\mu s - 2\mu s\lambda - 2y_s\phi + 2y_s\phi s -$$
$$3y_s\mu s + 3y_s\mu s\lambda + 4\delta\phi - 8y_s\delta\phi + 2y_s\delta\phi s) \quad （3-22）$$

$$p_{us} = \phi v_0(2y_s - 1)(s - 1) \quad （3-23）$$

根据垄断厂商每期的利润函数 $\pi_s = p_{ns}y_s$，对 y_s 求导，根据最优一阶条件可得：

$$y_s^* = \frac{\mu\lambda s - \mu s - 2\delta\phi - 2}{s(-3\mu + 3\mu\lambda + 2\phi + 2\delta\phi) - 8\delta\phi - 2\phi - 6} \quad （3-24）$$

将 y_s^* 代入式（3-22）和式（3-23），得到二手市场信息对称情况下一手市场和二手市场的耐用品的出清价格分别为

$$p_{ns}^* = -\frac{1}{4}v_0(\mu\lambda s - \mu s - 2\delta\phi - 2) \quad （3-25）$$

$$p_{us}^* = \phi v_0(s-1)[\frac{2(\mu\lambda s - \mu s - 2\delta\phi - 2)}{s(-3\mu + 3\mu\lambda + 2\phi + 2\delta\phi) - 8\delta\phi - 2\phi - 6} - 1]$$

$$（3-26）$$

由式（3-25），得约束条件：

$$\mu\lambda s - \mu s - 2\delta\phi - 2 < 0 \quad （3-27）$$

再由式（3-24）和式（3-27），得另一约束条件：

$$s(-3\mu + 3\mu\lambda + 2\phi + 2\delta\phi) - 8\delta\phi - 2\phi - 6 < 0 \quad （3-28）$$

3.3 二手市场信息对厂商决策的影响分析

在分析了二手市场信息不对称和对称两种情况下耐用品垄断厂商的每期最优产量和市场出清价格以后，本书将进一步分析二手市场信息状况对垄断厂商决策的具体影响。

命题3.1：在稳定均衡情况下，耐用品垄断厂商的每期最优产量受到二手市场信息的影响，并且当消费者对该耐用品的情绪效用比 $\lambda < \lambda^* = 1 + \dfrac{2 + \delta\phi(1+s)}{\mu s}$ 时，二手市场信息不对称情况下垄断厂商的每期最优产量大于二手市场信息对称情况下的每期最优产量。

二手市场信息不对称情况下垄断厂商的每期最优量与二手市场信息对称情况下的每期最优产量相减得

$$y_c = y^* - y_s^* = \frac{-2\phi\mu\lambda s(1+\delta)[\mu s(\lambda-1)-\delta\phi(1+s)-2]}{AB} \quad （3-29）$$

其中，$A = s(-3\mu + 3\mu\lambda + 2\phi + 2\delta\phi + 2\phi\mu\lambda + 5\delta\phi\mu\lambda) - 8\delta\phi - 2\phi - 6$，

$B = s(-3\mu + 3\mu\lambda + 2\phi + 2\delta\phi) - 8\delta\phi - 2\phi - 6$。

由式（3-18）和式（3-28）可知，上式中分母大于零，并且分子中的 $\varphi\mu\lambda s(1+\delta) > 0$。设分子中的表达式 $\mu s(\lambda-1) - \delta\varphi(1+s) - 2 = 0$，可得 $\lambda^* = 1 + \dfrac{2+\delta\phi(1+s)}{\mu s}$。进一步推导可得，当 $\lambda < \lambda^* = 1 + \dfrac{2+\delta\phi(1+s)}{\mu s}$ 时，$y_c = y^* - y_s^* > 0$ 成

立。而当 $\lambda > \lambda^*$ 时，$y_c = y^* - y_s^* < 0$，但是由于 λ 必须满足 $\mu\lambda s - \mu s - 2\delta\phi - 2 < 0$ 的约束条件，而 $\lambda > \lambda^* = 1 + \dfrac{2 + \delta\phi(1 + s)}{\mu s}$ 显然不满足 $\mu\lambda s - \mu s - 2\delta\phi - 2 < 0$ 条件，故 $y_c = y^* - y_s^* < 0$ 情况不存在。

命题 3.2：耐用品一手市场的出清价格受到耐用品二手市场的信息影响，二手市场信息不对称情况下的耐用品一手市场出清价格比二手市场信息对称情况下的耐用品一手市场出清价格低，并且随着耐用品的耐用度 ϕ、质量不稳定性 s、耐用品价值 v_0 和二手市场消费者的情绪效用比 λ 的增大，两个市场出清价格的差距增大。

因为 $p_{nc} = p_n^* - p_{ns}^* = \dfrac{-v_0\delta\phi\mu s\lambda}{4}$，不难看出 p_{nc} 的值严格小于 0，即二手市场信息不对称情况下的一手市场出清价格要低于二手市场信息对称情况下的一手市场出清价格。两者间差距的绝对值为 $\dfrac{v_0\delta\phi\mu s\lambda}{4}$，很明显该值与 ϕ、s、v_0 以及 λ 呈正相关关系。

命题 3.3：耐用品二手市场出清价格受耐用品二手市场信息的影响，并且二手市场信息不对称情况下的二手市场出清价格低于二手市场信息对称情况下的二手市场出清价格。同时，耐用品垄断厂商提高耐用品的价值或耐用度会增大两种二手市场信息情况下的二手市场出清价格的差距。

因为 $p_{uc} = p_u^* - p_{us}^* = \phi v_0[(\mu s\lambda(2y^* - 1) + 2(y^* - y_s^*)(s - 1)]$，根据前面得到的约束条件 $y^* < \dfrac{1}{2}$、$s < 1$ 和命题 3.1 的结论 $y^* - y_s^* = y_c > 0$，可推出 $p_{uc} < 0$。

命题 3.4：在稳定均衡情况下，耐用品垄断厂商的最优利润受二手市场信息的影响，当消费者对该耐用品的情绪效用比在 $\dfrac{4+4\delta\phi+2\mu s}{2\mu s+\delta\phi}<\lambda<1+\dfrac{2+\delta\phi(1+s)}{\mu s}$ 范围内时，垄断厂商在二手市场信息不对称情况下的最优利润大于二手市场信息对称情况下的最优利润。

因为 $\pi_c=\pi^*-\pi_s^{\,*}=p_n^{\,*}y^*-p_{ns}^{\,*}y_s^{\,*}$，将各变量表达式代入后计算整理可得

$$\pi_c=v_0[C^2(2\phi\mu\lambda s+5\delta\phi\mu\lambda s)$$
$$-B\delta\phi\mu\lambda s(\delta\phi\mu\lambda s+2\mu\lambda s-2\mu s-4\delta\phi-4)]/(4AB)$$

（3–30）

其中，$C=\mu\lambda s-\mu s-2\delta\phi-2$。

由 式（3–18）、 式（3–28） 和 式（3–27） 可 知 $A<0,B<0,C<0$。因此，式（3–30）中分母大于零，当分子中表达式 $\delta\phi\mu\lambda s+2\mu\lambda s-2\mu s-4\delta\phi-4$ 满足大于零的条件时，有 $\pi_c>0$。假 设 $\delta\phi\mu\lambda s+2\mu\lambda s-2\mu s-4\delta\phi-4>0$，可以 得到约束条件 $\lambda>\lambda^{**}=\dfrac{4+4\delta\phi+2\mu s}{2\mu s+\delta\phi}$。需要说明的是，命题 3.2 和命题 3.3 表明二手市场信息不对称情况下的市场出清价格均小于对称的情况，要想二手市场信息不对称情况下的收益大于对称情况下的收益，只有当二手市场信息不对称情况下的最优产量大于对称情况时才有可能，结合命题 3.1 可知需满足条件 $\lambda<1+\dfrac{2+\delta\phi(1+s)}{\mu s}$，又经计算得 $\lambda^{**}<\lambda^*$，当满足 $\lambda^{**}<\lambda<\lambda^*$ 即 $\dfrac{4+4\delta\phi+2\mu s}{2\mu s+\delta\phi}<\lambda<1+\dfrac{2+\delta\phi(1+s)}{\mu s}$ 时，$\pi_c>0$ 成立。

3.4 算例分析

为了验证结论的正确性，本书对模型中的主要参数进行赋值并运算，在满足约束条件的情况下取 $\mu=0.8$，$\delta=0.9$，$s=0.1$，$\phi=0.8$，$v_0=100$，$\lambda=10$。

将上述数值代入 λ^* 和 λ^{**} 的表达式后得：$\lambda^*=11.25$，$\lambda^{**}=8$。此时 $\lambda=10$，$\lambda^*=11.25$，满足 $\lambda<\lambda^*$ 条件，且 $y_c=y^*-y_s^*=0.3183-0.2496=0.0687$，说明二手市场信息不对称情况下，耐用品垄断厂商的最优产量大于信息对称情况下的最优产量。

$p_{nc}=p_n^*-p_{ns}^*=53.6-68=-14.4$，说明二手市场信息不对称情况下的耐用品一手市场出清价格比信息对称情况下的耐用品一手市场出清价格低。

$p_{uc}=p_u^*-p_{us}^*=2.91-36.05=-33.14$，符合二手市场信息不对称情况下的二手市场出清价格低于二手市场信息对称情况下的二手市场出清价格的结论。

此时有 $\lambda^*=11.25$，$\lambda^{**}=8$，$\lambda=10$，满足 $\lambda^{**}<\lambda<\lambda^*$ 的约束条件，且 $\pi_c=\pi^*-\pi_s^*=17.06-16.98=0.08$，说明当消费者对该耐用品的情绪效用比满足 $\lambda^{**}<\lambda<\lambda^*$ 时，垄断厂商在二手市场信息不对称情况下的最优利润大于二手市场信息对称情况下的最优利润。

3.5 本章小结

本章研究了耐用品质量存在不稳定性情况下二手市场信息对耐用品垄断厂商决策的影响问题。得出的结论表明，在稳定均衡状态下，二手市场买卖双方关于耐用品信息的不对称影响了二手市场交易，从而降低了二手市场产品出清价格和一手市场出清价格，但增加了对新耐用品的需求；当消费者对该耐用品的情绪效用比在特定范围内时，二手市场信息不对称情况下耐用品垄断厂商的最优利润要大于对称情况下的最优利润。

第 4 章　考虑易耗部件需求弹性的耐用品垄断厂商易耗部件兼容策略研究

4.1　引言

由于大部分的耐用品易耗部件对耐用品的正常使用起着不可或缺的作用（如汽车的轮胎、打印机的墨盒、计算机的鼠标和键盘等），当易耗部件需要更换时，消费者通常没有选择的余地，只能进行更换。但是现实生活中，很多易耗部件的需求是受到该易耗部件价格影响的，这主要表现在两个方面。

第一，由于有些易耗部件的损耗速度与其被使用的强度和方式有关，在耐用品的使用过程中，消费者会因为易耗部件的价格偏高而在使用过程中小心谨慎，并严格按照厂商所规定的科学的使用方式和强度来操作，这样就会减缓该耐用品的易耗部件损耗速度。

第二，类似汽车轮胎这样的易耗部件，如果其价格相对偏高，消费者在需要更换时就会通过合理的技术处理来延长使用时间。如大部分的出租车司机都倾向于在轮胎需要更换时，将新胎安装在后轮，而将原来的后胎换至前轮，继续使用一段时间再进行更换，而不是一次将四个轮胎全部更换。出租车司机会尽量避免在路况差的路面上行驶，以减少对轮胎的磨损，从而使轮胎的实际使用寿命大大超过厂商设定的使用期限，也降低了轮胎在每期的更换次数。

当然这样的"惜换"行为只能一定程度上缓解易耗部件的损耗速度和降低易耗部件的更换次数，并不能让易耗部件无限期使用，结合现实中的使用情况，本书在研究中认为该类耐用品易耗部件的实际更换次数存在一个上限和下限，其上限是厂商规定的理论上的最佳更换次数，因为通常情况下消费者不会提前更换易耗部件（那种非正常原因导致的提前更换行为不在本研究的考察范围内），其下限则是当易耗部件到了厂商规定的报废期限才更换的情况下所需要的更换次数（设其为 $m_0 \geq 1$，根据前面的假设可知 $m_0 < M$）。消费者的"惜换"行为对实际更换次数所造成的影响应在这个上、下限（即 $[m_0, M]$）的范围内波动。

上述这些现象都会对易耗部件的更换次数和市场需求产生一定的影响，所以此类易耗部件的需求价格弹性对厂商的最优决策影响较大。

4.2　基本假设与模型

本章从消费者效用出发，旨在通过构建消费者效用函数来研究无限期情形下的耐用品厂商关于易耗部件最优兼容策略的选择问题，因此本章的数理建模主要借鉴了消费者效用模型和稳态均衡思想。本书根据所研究的耐用品特点将其市场上的消费者分为三种类型，分别为一手市场消费者、二手市场消费者以及非消费者，其中一手市场消费者只购买新耐用品，如果所购的耐用品达到其理想预期则会一直使用至耐用品的生命周期结束，否则将会在第二期将其卖向二手市场；二手市场消费者每期只购买旧耐用品；非消费者则不会购买该耐用品。具体如图4-1所示。

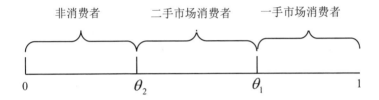

图4-1　消费者类型图

　　假定某耐用品垄断厂商生产的耐用品可以为消费者服务两个阶段，且消费者具有异质性，设消费者类型为θ，且均匀分布于[0,1]。假设质量无瑕疵的新耐用品的价值为V（本书中的耐用品价值是指耐用品在品牌、质量和性能等方面给消费者所带来的综合价值），而质量有瑕疵的新耐用品的价值为λV，$\lambda \in (0,1)$，这里的瑕疵是指产品在出厂时未被发现，但在消费者使用过程中才暴露出的一些影响产品正常使用且无法通过简单维修而解决的质量或设计缺陷。这些缺陷并不在厂商的包换条款内，如因设计或质量缺陷而产生的汽车隐患在厂商决定召回前是不包换的（笔记本电脑的经常黑屏与死机也不在厂商的包换条例内）。那么价值为 V 的耐用品对类型为 θ 的消费者所产生的实际效用为 θV；同理，价值为 λV 的耐用品对类型为 θ 的消费者所产生的实际效用为 $\lambda \theta V$。进一步假设消费者每次只购买和使用一个耐用品，并且由于消费者对耐用品服务会产生一定的依赖（如手机、电脑或汽车等耐用品，消费者一旦使用后都会对这些产品提供的服务产生一定的依赖性），消费者需要更换时才会再次购买和使用该耐用品。所以，本书将考虑消费者无限期消费该耐用品的情况。

下面以一手市场消费者为例来说明基本模型的构建。

本书考虑的是消费者无限期使用该耐用品的情形，所以对于一手市场消费者而言可做如下假设。假设某一类型为 $\theta \in [\theta_1, 1]$ 的消费者在第 t 期购买的耐用品价值为 V，购买的价格为 p_n，该耐用品每期需要更换 m 次易耗部件，易耗部件的价格为 p_a。根据效用函数并结合稳态均衡思想，可得出该消费者在第 t 期因购买新耐用品所得的期望效用为
$$EV_t^n(\theta) = \theta V - p_n - mp_a + \delta[\theta\phi V - mp_a + \delta EV_{t+2}^n(\theta)], \quad \theta V - p_n - mp_a$$
为消费者在第 t 期因购买所得的效用，$\delta(\theta\phi V - mp_a)$ 为消费者在第 $t+1$ 期因继续使用所购买的耐用品所得的效用，$\delta[\delta EV_{t+2}^n(\theta)]$ 为消费者在第 $t+2$ 期因继续购买该耐用品所得的期望效用。

4.3　具体假设与模型分析

4.3.1　说明与假设

在开始正式的研究之前需要给出如下的具体说明和假设条件。

（1）假设耐用品的耐用度为 $\phi[\phi \in (0,1)]$，厂商设定的每期易耗部件理论最佳更换次数为 $M(M \geq 1)$，消费者在实际使用耐用品的过程中会因为易耗部件的价格高、低而对应出现不同的易耗部件更换次数，为了研究方便，在不失一般性的前提下，假设消费者每期易耗部件的平均实际更换次数为 $m(m \geq 1)$，根据前面的分析可知 m 的取值有上、下限约束，其实际范围应为 $m \in [m_0, M]$。

（2）耐用品垄断厂商所生产的新耐用品的市场价格为 p_n，进入第二阶段的旧耐用品的市场价格为 p_u；耐用品垄断厂商每期新耐用品的均衡产量为 q_n。

（3）耐用品垄断厂商生产的易耗部件价格为 p_a，独立的易耗部件厂商生产的易耗部件价格为 p_{da}；耐用品垄断厂商生产的易耗部件产量为 q_a，独立的易耗部件厂商生产的易耗部件的产量为 q_{da}。

（4）为了研究过程中数学推导的可行性，在借鉴部分经典参考文献的做法和不影响结论正确的前提下，本书假设厂商生产的固定成本和边际成本均为零。

（5）$\delta[\delta \in (0,1)]$为折现因子，$\alpha[\alpha \in (0,1)]$为消费者在一手市场购买到质量无瑕疵耐用品的概率。

（6）假设不同厂商生产的耐用品易耗部件是同质的，且厂商可以通过技术手段来实现易耗部件的兼容或不兼容，厂商的易耗部件产能充足。

4.3.2 模型的构建与分析

为了便于进行对比分析，下面对耐用品垄断厂商采用易耗部件不兼容和兼容两种不同策略下的最优收益进行分别讨论。

1. 耐用品垄断厂商采用易耗部件不兼容策略情形

本部分以将消费者的三种类型为对象进行效用分析。

（1）耐用品一手市场消费者效用分析

该类型消费者所处区间为$[\theta_1, 1]$，他们每期只购买新耐用品。如果消费者购买到价值为V的无瑕疵新耐用品则会一直使用，直至该耐用品生命周期结束后再重新购买新品；如果消费者购买到价值为λV的有瑕疵新耐用品，他们将只会使用该耐用品一期，并在下一期将手中所持的耐用品卖出并购买新品。因此，消费者通过购买新耐用品所得的期望效用为

$$EV_t^n(\theta) = \alpha\{\theta V - p_n - mp_a + \delta[\theta\phi V - mp_a + \delta EV_{t+2}^n(\theta)]\} \\ + (1-\alpha)\{\lambda\theta V - p_n - mp_a + \delta[p_u + EV_{t+1}^n(\theta)]\}$$

$$(4-1)$$

其中，$\alpha(\theta V - p_n - mp_a)$ 为消费者购买到无瑕疵耐用品并使用一阶段所得的期望效用，$\alpha\delta[\theta\phi V - mp_a]$ 为消费者在第二阶段继续使用该耐用品所得的期望效用，$\alpha\delta EV_{t+2}{}^n(\theta)$ 则是消费者在第三阶段重新购买到无瑕疵耐用品所得的期望效用；与之类似，$(1-\alpha)\{\lambda\theta V - p_n - mp_a + \delta[p_u + EV_{t+1}{}^n(\theta)]\}$ 则是消费者购买到有瑕疵耐用品所得的期望效用。由于均衡条件下 $EV_t{}^n(\theta) - EV_{t+1}{}^n(\theta) = EV_{t+2}{}^n(\theta)$，经计算可得：

$$EV_t{}^n(\theta) = \frac{\theta V(\alpha + \alpha\delta\phi + \lambda - \lambda\alpha) - p_n + \delta p_u(1-\alpha) - mp_a(1+\alpha\delta)}{1 + \alpha\delta - \delta - \alpha\delta^2}$$

$$(4-2)$$

（2）耐用品二手市场消费者效用分析

该类型消费者所处区间为 $[\theta_2, \theta_1)$，他们每期只购买旧耐用品，其通过购买旧耐用品所得的期望效用为 $EV_t{}^u(\theta) = \lambda\theta\phi V - p_u - mp_a + \delta EV_{t+1}{}^u(\theta)$，均衡条件下 $EV_t{}^u(\theta) = EV_{t+1}{}^u(\theta)$，经计算可得

$$EV_t{}^u(\theta) = \frac{\lambda\phi\theta V - p_u - mp_a}{1-\delta} \qquad (4-3)$$

（3）非本耐用品消费者效用分析

该类型消费者所处区间为 $(0, \theta_2)$，他们并不购买和使用该耐用品，其效用为

$$EV_t{}^{nb}(\theta) = 0 \qquad (4-4)$$

在 θ_1 处，每期购买新耐用品的消费者和每期只购买旧耐用

品所得的效用无差异，满足等式 $EV_t^n(\theta) = EV_t^u(\theta)$，解之可得

$$\theta_1 = \frac{p_n - (1+\delta)p_u}{(\delta\phi\alpha + \alpha + \lambda - \lambda\alpha - \lambda\phi - \lambda\delta\phi\alpha)V} \qquad (4-5)$$

在 θ_2 处，每期购买旧耐用品的消费者与不购买该耐用品的消费者所得的效用是无差异的，因此有 $EV_t^u(\theta) = 0$，解之可得

$$\theta_2 = \frac{p_u + mp_a}{\lambda\phi V} \qquad (4-6)$$

假设每期的一手市场消费者有 α 的概率购买到质量无瑕疵的耐用品并一直使用，有 $1-\alpha$ 的概率购买到质量有瑕疵的产品并会在下一期将其卖出，则可以得到两个重要的引理。

引理 4.1：在稳态均衡下，每期的耐用品一手市场消费者类型 $[\theta_1, 1]$ 中，有 $\frac{1}{\alpha+1}$ 的消费者购买新耐用品。

证明：设在第 t 期的一手市场消费者类型 $[\theta_1, 1]$ 中有 x_t 的消费者购买新耐用品，则有 $1-x_t$ 的消费者持有的是第 $t-1$ 期购买的耐用品。根据假设，消费者在第 $t-1$ 期购买新耐用品时有 α 的概率购买到其满意的产品，将在第 t 期继续持有，由此可知第 t 期的一手市场消费者中，$1-x_t$ 的旧耐用品持有者是由第 $t-1$ 期中 αx_{t-1} 数量的消费者转变而来的，即 $1-x_t = \alpha x_{t-1}$，又因为在稳态均衡状态下 $x_t = x_{t-1}$，可知 $\alpha x_t = 1-x_t$ 成立，据此进一步解得 $x_t = \frac{1}{\alpha+1}$。

引理 4.2：在稳态均衡下，每期耐用品二手市场的出清条件为 $\theta_1 - \theta_2 = \frac{1-\alpha}{\alpha+1}(1-\theta_1)$。

证明：根据引理 4.1，稳态均衡状态下，在每期的一手市场消费者$(\theta_1, 1)$中，有$\frac{1}{\alpha+1}$的消费者购买新耐用品，他们有$1-\alpha$的概率会在下一期卖出已经使用的旧耐用品，在市场出清情况下，必然是进入二手市场中的耐用品数量$\theta_1 - \theta_2$与一手市场中卖出的耐用品数量相等，即满足条件$\theta_1 - \theta_2 = \frac{1-\alpha}{\alpha+1}(1-\theta_1)$。

由上可以进一步分析耐用品垄断厂商的最优产量和市场出清价格问题，设q_n为稳态均衡状态下每期新耐用品的市场需求，根据引理 4.1 和引理 4.2，有如下等式成立：

$$\begin{cases} \dfrac{1-\theta_1}{1+\alpha} = q_n \\ \theta_1 - \theta_2 = \dfrac{1-\alpha}{1+\alpha}(1-\theta_1) \end{cases} \quad (4-7)$$

将式（4-5）和式（4-6）代入式（4-7）中，解得耐用品一手市场和二手市场的出清价格分别为

$$p_n = N_1 - N_2 q_n - m p_a(1+\delta) \quad (4-8)$$

$$p_u = \lambda\phi V - 2\lambda\phi V q_n - m p_a \quad (4-9)$$

其中，$N_1 = V(\lambda\delta\phi + \alpha + \lambda + \delta\phi\alpha - \lambda\alpha - \lambda\delta\phi\alpha) > 0$，

$$\begin{aligned} N_2 = V(2\lambda\delta\phi + \lambda + \alpha + \lambda\phi + \delta\phi\alpha + \delta\phi\alpha^2 \\ + \alpha^2 - \lambda\alpha^2 - \lambda\alpha\phi - \lambda\delta\phi\alpha - \lambda\delta\phi\alpha^2) > 0 \end{aligned}$$

将式（4-9）代入式（4-6）中，可得

$$\theta_2 = 1 - 2q_n \quad (4-10)$$

因为每期的易耗部件消费者类型区域为$[\theta_2,1]$，且厂商设定的易耗部件理论上的每期更换次数为M，所以每期易耗部件理论上的市场总容量为$M(1-\theta_2)$。由于本章所研究的易耗部件需求具有价格弹性特征，易耗部件的实际需求量与市场理论总需求、易耗部件实际价格之间的关系如下所示：

$$q_a = M(1-\theta_2) - bp_a \qquad （4-11）$$

$b[b>0]$为价格敏感系数。将式（4-10）代入式（4-11），根据上述分析，可进一步推得

$$m = \frac{q_a}{1-\theta_2} = \frac{q_a}{2q_n} = M - \frac{bp_a}{2q_n} \qquad （4-12）$$

将式（4-11）、式（4-12）代入式（4-8）和式（4-9）中，化简可得

$$p_n = N_1 - q_n N_2 - p_a(1+\delta)(M - \frac{bp_a}{2q_n}) \qquad （4-13）$$

$$p_u = \lambda\phi V - 2\lambda\phi V q_n - p_a(M - \frac{bp_a}{2q_n}) \qquad （4-14）$$

耐用品厂商的每期总利润为

$$\pi = p_n q_n + p_a q_a \qquad （4-15）$$

将式（4-11）和式（4-13）代入式（4-15）可得

$$\pi = [N_1 - q_n N_2 - p_a(1+\delta)(M - \frac{bp_a}{2q_n})]q_n + [M(1-\theta_2) - bp_a]q_a \qquad （4-16）$$

分别对π求q_n和p_a的偏导，可得

$$\frac{\partial \pi}{\partial q_n} = N_1 - 2N_2 q_n + (1-\delta)Mp_a \qquad （4-17）$$

$$\frac{\partial \pi}{\partial p_a} = (1-\delta)(Mq_n - bp_a) \qquad （4-18）$$

根据最优一阶条件，联立等式可得q_n^*和p_a^*的表达式为

$$p_a^* = \frac{MN_1}{2bN_2 - (1-\delta)M^2} \qquad （4-19）$$

$$q_n^* = \frac{bN_1}{2bN_2 - (1-\delta)M^2} \qquad （4-20）$$

再将p_a^*、q_n^*代入式（4-11），可得

$$q_a^* = \frac{bMN_1}{2bN_2 - (1-\delta)M^2} \qquad （4-21）$$

为了研究方便，在不影响结论的情况下对上述结果做$b=1$的简化处理，简化后的结果为

$$p_a^* = \frac{MN_1}{2N_2 - (1-\delta)M^2} \qquad （4-22）$$

$$q_n^* = \frac{N_1}{2N_2 - (1-\delta)M^2} \qquad （4-23）$$

$$q_a^* = \frac{MN_1}{2N_2 - (1-\delta)M^2} \qquad （4-24）$$

将式（4-22）、式（4-23）代入式（4-13）和式（4-14）中，可得

$$p_n^* = \frac{N_1[2N_2 - (3-\delta)M^2]}{2[2N_2 - (1-\delta)M^2]} \quad (4-25)$$

$$p_u^* = \lambda\phi V - \frac{N_1(4\lambda\phi V - M^2)}{2[2N_2 - (1-\delta)M^2]} \quad (4-26)$$

由式（4-25）得约束条件

$$2N_2 - (3-\delta)M^2 > 0 \quad (4-27)$$

将相关各式代入式（4-5）中，可得

$$\theta_1^* = 1 - \frac{\lambda\phi V(\alpha-1)(1+\delta)}{N_2 - (1-\delta)M^2} \quad (4-28)$$

由式（4-28）得约束条件

$$N_2 > (1-\delta)M^2 \quad (4-29)$$

将相关各式代入式（4-6）中，可得

$$\theta_2^* = 1 - \frac{2N_1}{2N_2 - (1-\delta)M^2} \quad (4-30)$$

最后将式（4-22）～式（4-25）代入式（4-15）中，解得耐用品厂商的最优总收益为

$$\pi^* = \frac{N_1^2}{2[2N_2 - (1-\delta)M^2]} \quad (4-31)$$

2. 耐用品垄断厂商采用易耗部件兼容策略情形

在耐用品垄断厂商对易耗部件采取兼容策略的情况下，耐用品厂商生产的易耗部件受到了另一个外在易耗部件厂商竞争

的影响，与采取易耗部件不兼容策略时相比，其生产的易耗部件的价格和产量均发生了改变。由于易耗部件的价格会影响消费者的效用，间接影响了耐用品厂商关于耐用品本身的决策。

为了与易耗部件不兼容策略下的各变量相区别，本部分的变量相应地添加了上标或下标s。

由于均衡状态下的消费者效用受到耐用品厂商生产的易耗部件价格p_{as}和独立的易耗部件厂商生产的易耗部件价格p_{das}的共同影响，为了不失一般性，以两者的均值$\dfrac{p_{as}+p_{das}}{2}$作为消费者在购买易耗部件时所付出的平均价格，以$m_s$表示消费者每期在使用耐用品过程中易耗部件的平均实际更换次数。

同样地可对易耗部件兼容策略下的三种消费者类型的效用逐一进行分析。

（1）耐用品一手市场消费者效用分析

一手市场消费者类型区域为$[\theta_{1s},1]$，该区域消费者购买新耐用品所得的期望效用为

$$
\begin{aligned}
EV_{ts}{}^{n}(\theta) = {} & \alpha\{\theta V - p_{ns} - m_s\frac{p_{as}+p_{das}}{2} + \delta[\phi\theta V \\
& - m_s\frac{p_{as}+p_{das}}{2} + \delta EV_{ts+2}{}^{n}(\theta)]\} \\
& + (1-\alpha)\{\lambda\theta V - p_{ns} - m_s\frac{p_{as}+p_{das}}{2} + \delta[p_{us} + \delta EV_{is+1}{}^{n}(\theta)]\}
\end{aligned}
$$

$$(4\text{-}32)$$

由于均衡条件下$EV_{ts}{}^{n}(\theta) = EV_{ts+1}{}^{n}(\theta) = EV_{ts+2}{}^{n}(\theta)$，计算可得

$$EV_{ts}^{\ n}(\theta) = \frac{2\theta V(\alpha + \delta\phi\alpha + \lambda - \lambda\alpha) - m_s(\delta\alpha + 1)(p_{as} + p_{das}) - 2p_{ns} + 2\delta p_{us}(1-\alpha)}{2(1 + \delta\alpha - \delta - \delta^2\alpha)}$$

（4-33）

（2）耐用品二手市场消费者效用分析

二手市场消费者类型区域为$[\theta_{1s}, \theta_{2s})$，该区域消费者购买旧耐用品所得的期望效用为

$$EV_{ts}^{\ u}(\theta) = \theta\phi V - p_{us} - m_s\frac{p_{as} + p_{das}}{2} + \delta EV_{ts+1}^{\ n}(\theta) \quad （4-34）$$

由于均衡条件下$EV_{ts}^{\ u}(\theta) = EV_{ts+1}^{\ u}(\theta)$，计算可得

$$EV_{ts}^{\ u}(\theta) = \frac{2\lambda\phi\theta V - 2p_{us} - m_s(p_{as} + p_{das})}{2(1-\delta)} \quad （4-35）$$

（3）非本耐用品消费者效用分析

不购买本耐用品的消费者类型区域为$(0, \theta_{2s})$，该类型消费者的期望效用为

$$EV_{ts}^{\ nb}(\theta) = 0 \quad （4-36）$$

在θ_{1s}处，每期购买新耐用品的消费者与每期只购买旧耐用品的消费者所得的效用相同，满足$EV_{ts}^{\ n}(\theta) = EV_{ts}^{\ u}(\theta)$条件，解之可得

$$\theta_{1s} = \frac{p_{ns} - (1+\delta)p_{us}}{(\delta\phi\alpha + \alpha + \lambda - \lambda\alpha - \lambda\phi - \lambda\delta\phi\alpha)V} \quad （4-37）$$

在θ_{2s}处，每期购买旧耐用品的消费者与不购买该耐用品的消费者所得的效用相同，因此有$EV_{ts}^{\ u}(\theta) = 0$，解之可得

$$\theta_{2s} = \frac{2p_{us} + m_s(p_{as} + p_{das})}{2\lambda\phi V} \tag{4-38}$$

设 q_{ns} 为稳定均衡状态下每期新耐用品的市场需求, 根据引理 4.1 和引理 4.2, 有如下等式成立

$$\begin{cases} \dfrac{1-\theta_{1s}}{1+\alpha} = q_{ns} \\[2mm] \theta_{1s} \quad \theta_{2s} = \dfrac{1-\alpha}{1+\alpha}(1-\theta_{1s}) \end{cases} \tag{4-39}$$

将式 (4-37) 和式 (4-38) 代入式 (4-39), 解得耐用品一手市场和二手市场的出清价格分别为

$$p_{ns} = N_1 - q_{ns}N_2 - \frac{1}{2}m_s(p_{as} + p_{das})(1+\delta) \tag{4-40}$$

$$p_{us} = \lambda\phi V - 2\lambda\phi V q_{ns} - \frac{1}{2}m_s(p_{as} + p_{das}) \tag{4-41}$$

将式 (4-41) 代入式 (4-38), 经计算得

$$\theta_{2s} = 1 - 2q_{ns} \tag{4-42}$$

假设耐用品厂商和独立的易耗部件厂商所生产的产品每期易耗部件理论上的市场总容量为 $M(1-\theta_{2s})$, 耐用品厂商和独立的易耗部件生产商在易耗部件市场上展开寡头竞争, 关系如下:

$$\begin{cases} q_{as} = 2Mq_{ns} - b_1 p_{as} + b_2 p_{das} \\ q_{das} = 2Mq_{ns} - b_2 p_{das} + b_1 p_{as} \end{cases} \tag{4-43}$$

其中, p_{as} 为耐用品厂商所生产的易耗部件价格, q_{as} 为耐用品厂商的易耗部件实际需求量, p_{das} 为独立的易耗部件厂商所生

产的易耗部件价格，q_{das} 为独立的易耗部件厂商所生产的易耗部件的实际需求量。b_1、b_2 为价格敏感系数，为了便于计算和比较，在不影响结论的情况下令 $b_1 = b_2 = b$。

综上所述，将式（4-42）代入式（4-43），化简后可得

$$\begin{cases} q_{as} = 2Mq_{ns} - b(p_{as} - p_{das}) \\ q_{das} = 2Mq_{ns} - b(p_{das} - p_{as}) \end{cases} \quad （4-44）$$

根据每期易耗部件的总需求与易耗部件的每期平均实际更换次数和每期的新、旧耐用品市场总量之间的关系，结合式（4-42）可得

$$m_s = \frac{q_{as} + q_{das}}{1 - \theta_{2s}} = \frac{q_{as} + q_{das}}{2q_{ns}} \quad （4-45）$$

将式（4-44）、式（4-45）代入式（4-40）和式（4-41），化简可得

$$p_{ns} = N_1 - q_{ns}N_2 - M(1 + \delta)(p_{as} + p_{das}) \quad （4-46）$$

$$p_{us} = \lambda\phi V - 2\lambda\phi V q_{ns} - M(p_{as} + p_{das}) \quad （4-47）$$

耐用品厂商的每期总利润为

$$\pi_s = p_{ns}q_{ns} + p_{as}q_{as} \quad （4-48）$$

而独立的易耗部件生产商的每期总利润为

$$\pi_{das} = p_{das}q_{das} \quad （4-49）$$

由于耐用品厂商和独立的易耗部件厂商所生产的易耗部件具有同质性，在兼容的情况下，根据博弈论可知此时的均衡必

然是两者都令价格等于成本较高的厂商的边际成本，且两者平分市场，因假设边际成本为零，所以可得

$$p_{as}^{\;*} = p_{das}^{\;*} = 0 \qquad (4-50)$$

$$q_{as} = q_{das} = Mq_{ns} \qquad (4-51)$$

将式（4-50）和式（4-51）代入式（4-48），可得

$$\pi_s = p_{ns}q_{ns} \qquad (4-52)$$

为了计算的方便，在不影响结果的情况下对参数做 $b=1$ 的简化处理。

对 π_s 求 q_{ns} 的偏导数，并利用一阶最优条件，可得

$$q_{ns}^{\;*} = \frac{N_1}{2N_2} \qquad (4-53)$$

将式（4-53）代入式（4-51）中，可得

$$q_{as}^{\;*} = \frac{MN_1}{2N_2} \qquad (4-54)$$

$$q_{das}^{\;*} = \frac{MN_1}{2N_2} \qquad (4-55)$$

将式（4-53）～式（4-55）代入式（4-46）和式（4-47）中，叩得

$$p_{ns}^{\;*} = \frac{N_1}{2} \qquad (4-56)$$

$$p_{us}^{\;*} = \lambda\phi V(1-\frac{N_1}{N_2}) \qquad (4-57)$$

将式（4-56）、式（4-57）代入式（4-37）中，可得

$$\theta_{1s}^{*} = \frac{1}{2} + 2\lambda\phi V\left(\frac{1}{N_2} - \frac{1}{N_1}\right) \qquad (4\text{-}58)$$

将式（4-53）代入式（4-42）中，可得

$$\theta_{2s}^{*} = 1 - \frac{N_1}{N_2} \qquad (4\text{-}59)$$

将式（4-53）和式（4-56）代入式（4-52）中，可得

$$\pi_s^{*} = \frac{N_1^2}{4N_2} \qquad (4\text{-}60)$$

4.4　易耗部件不同兼容策略的对比分析

命题 4.1：耐用品垄断厂商对易耗部件采取不兼容策略下的耐用品一、二手市场容量大于其对易耗部件采取兼容策略下的耐用品相应市场的市场容量。与此相对应，耐用品垄断厂商对易耗部件采取不兼容策略下的每期耐用品的最优产量大于其对易耗部件采取兼容策略下的每期耐用品的最优产量。

证明：为了分析出不同易耗部件兼容策略下的耐用品一、二手市场容量的变化，需对不同情况下相应的消费者类型边界进行对比分析。

首先，令 $\Delta\theta_2 = \theta_2^{*} - \theta_{2s}^{*}$，将式（4-30）和式（4-59）代入后化简可得

$$\Delta\theta_2 = \frac{2N_1}{2N_2} - \frac{2N_1}{2N_2 - (1-\delta)M^2} \qquad （4-61）$$

从$\Delta\theta_2$表达式的结构可以看出，前后两项表达式的分子相同，所以其大小取决于分母，因为已知假设条件$0<\delta<1$，所以可得$2N_2-(1-\delta)M^2 < 2N_2$。根据分子式的基本原理可知当两式都为正值时，如果两式分子相同，则分母越小的表达式其值越大，由此可进一步推得结论$\Delta\theta_2 < 0$。

由上可知，当耐用品垄断厂商对易耗部件采取不兼容策略时，其耐用品二手市场的消费者类型边界点小于其对易耗部件采取兼容策略时的耐用品二手市场消费者类型边界点。

其次，令$\Delta\theta_1 = \theta_1^* - \theta_{1s}^*$，将式（4-28）和式（4-58）代入后化简可得

$$\Delta\theta_1 = \frac{-(\alpha+1)(1-\delta)N_1 M^2}{N_2[2N_2-(1-\delta)M^2]} \qquad （4-62）$$

根据已知约束条件$2N_2-(1-\delta)M^2 > 0$和$0<\delta<1$不难得到$\Delta\theta_1 < 0$的结论，由此可推断当耐用品垄断厂商对易耗部件采取不兼容策略时，一手市场的消费者类型边界点低于其对易耗部件采取兼容策略时的一手市场消费者类型边界点（见图4-2）。

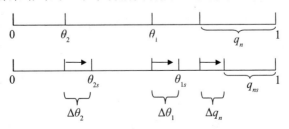

图4-2　消费者类型边界和新耐用品需求量变化示意图

综上所述，耐用品垄断厂商对易耗部件采取不兼容策略下的耐用品一手市场和二手市场的消费者类型边界点，分别比其采取易耗部件兼容策略下的耐用品相应市场的消费者类型边界点低，由此可推断耐用品垄断厂商对易耗部件采取不兼容策略下的耐用品一、二手市场容量大于其对易耗部件采取兼容策略下的耐用品相应市场的市场容量。

最后，对不同易耗部件兼容策略下的耐用品最优产量进行对比分析，以确定两种策略下每期耐用品最优产量的差异。

令 $\Delta q_n = q_n^* - q_{ns}^*$，经计算可得

$$\Delta q_n = \frac{(1-\delta)N_1 M^2}{2N_2[2N_2 - (1-\delta)M^2]} \qquad （4-63）$$

根据已知条件易得 $\Delta q_n > 0$ 的结论，由此可推论当耐用品垄断厂商对易耗部件采取不兼容策略时的耐用品每期最优产量大于其对易耗部件采取兼容策略时的耐用品每期最优产量。

从耐用品厂商对易耗部件采取兼容策略时的收益表达式 $\pi_s = p_{ns} q_{ns}$ 和其对易耗部件采取不兼容策略时的收益表达式 $\pi = p_n q_n + p_a(2Mq_n - bp_a)$ 不难看出，之所以会出现耐用品厂商在易耗部件不兼容策略情况下的耐用品市场空间大于易耗部件兼容策略情况下的耐用品市场空间这种现象，主要是因为当耐用品厂商采取易耗部件不兼容策略时，其可以通过降低耐用品本身价格来获取更大的市场空间，并通过增加易耗部件价格的方法来获取额外收益；但当厂商采取易耗部件兼容策略时正好相反，因为耐用品厂商在易耗部件上无法获益，所以其宁愿通过

降低耐用品市场空间来提高耐用品价格的方法来获取自己的最大收益。正是出于上述原因，对于耐用品垄断厂商而言，当其对易耗部件采取不兼容策略时，提高耐用品的最优产量能给其带来更多的额外收益，因此耐用品厂商在易耗部件不兼容策略时更愿意采取提高耐用品产量而降低耐用品价格的策略，并导致其在易耗部件不兼容策略下的耐用品最优产量会高于其在易耗部件兼容策略下的耐用品最优产量，符合本结论的判断。

命题 4.2：耐用品垄断厂商对易耗部件采取不兼容策略下的易耗部件最优价格高于其对易耗部件采取兼容策略下的易耗部件最优价格。

证明：为了分析不同易耗部件兼容策略下易耗部件价格的差异，对两种策略下的易耗部件价格进行对比分析。

令 $\Delta p_a = p_a{}^* - p_{as}{}^*$，经计算可得

$$\Delta p_a = \frac{MN_1}{2N_2 - (1-\delta)M^2} \qquad (4-64)$$

根据已知条件不难看出 $\Delta p_a > 0$。由此可以推论耐用品垄断厂商对易耗部件采取不兼容策略下的易耗部件最优价格高于其对易耗部件采取兼容策略下的易耗部件最优价格。

该命题应该与命题 4.1 结合起来才能很好地理解厂商决策的一致性，因为耐用品厂商对易耗部件采取不兼容策略时会为了提高耐用品产量而降低耐用品价格，而只有相应地提高易耗部件价格才能弥补其在耐用品上的收益损失，甚至可以通过易耗部件来获取比耐用品本身更多的收益。

现实中这样的现象也普遍存在，如在低端喷墨打印机市场上占据一定市场地位的惠普打印机，厂商为了扩大打印机的市场需求，对打印机本身采取了低价策略，凭借其良好的质量表现和较高的性价比而获得了较多的市场份额，但是为了获取更多的利润，该厂商对该打印机主要易耗部件之一的墨盒采取了不兼容策略和相对较高的价格策略，从表4-1中即可看出，一套墨盒的价格总和已经超过了整机价格的二分之一。该案例说明当耐用品厂商对易耗部件采取不兼容策略时，其更愿意在采取利用耐用品低价抢占市场份额的同时，利用易耗部件高价来获取超额利润的策略。

表4-1　2022年4月两款喷墨打印机整机与墨盒价格一览表

机型	整机厂商市场指导价（京东）	墨盒类型	墨盒厂商市场指导价
佳能（Canon）MG3080 无线家用彩色喷墨多功能一体机	RMB 459.00	佳能 PG845/CL846 打印机墨盒原装一套大容量墨盒	RMB 438.00
惠普（HP）Office Jet Pro 8020 商用彩色喷墨一体机	RMB 1 398.00	原装惠普（HP）915xl 墨盒四色大容量套装	RMB 539.00

数据来源：京东商城

命题4.3：在考虑耐用品易耗部件需求价格弹性的情况下，易耗部件不兼容策略为耐用品垄断厂商的最优决策。

证明：令 $\Delta\pi = \pi^* - \pi_s^*$，将式（4-31）和式（4-60）代入后可得

$$\Delta \pi = \frac{N_1^2}{2[2N_2 - (1-\delta)M^2]} - \frac{N_1^2}{4N_2} \qquad (4-65)$$

从式（4-65）的结构可以看出，因为两式的分子相同，所以其大小取决于分母，式（4-65）的分母$2[2N_2 - (1-\delta)M^2]$可分解为$4N_2 - 2(1-\delta)M^2$，根据前面给出的条件$0 < \delta < 1$，不难判断出$4N_2 - 2(1-\delta)M^2 < 4N_2$，由此可进一步推得$\Delta \pi > 0$。

综上可知，耐用品垄断厂商对易耗部件采取不兼容策略时所得的最优收益大于其对易耗部件采取兼容策略时所得的最优收益，因此可以推断在垄断的市场结构下，耐用品厂商对易耗部件的最优决策为不兼容策略。

虽然易耗部件兼容策略下的耐用品价格与易耗部件不兼容策略下的耐用品价格相比有所降低（$\Delta p_n = \frac{-N_1 M^2}{2N_2 - (1-\delta)M^2} < 0$），但易耗部件的价格有所增加（$\Delta p_a = \frac{MN_1}{2N_2 - (1-\delta)M^2} > 0$），且消费者类型边界向低值方向发生了偏移（$\Delta \theta_2 = \frac{2N_1}{2N_2} - \frac{2N_1}{2N_2 - (1-\delta)M^2} < 0$、$\Delta \theta_1 = \frac{-(\alpha+1)(1-\delta)N_1 M^2}{N_2[2N_2 - (1-\delta)M^2]} < 0$），使新耐用品的需求量有所增加（$\Delta q_n = \frac{(1-\delta)N_1 M^2}{2N_2(2N_2 - (1-\delta)M^2)} > 0$）。在上述多种因素的共同作用下，最终的均衡结果使耐用品垄断厂商采取易耗部件不兼容策略所得的最大收益大于其采取易耗部件兼容策略所得的最大收益。所以在垄断情况下，当考虑易耗部件的需求价格弹性时，耐用品厂商对易耗部件采取不兼容策略为其最优决策。

4.5　本章小结

本章将研究内容集中在当耐用品易耗部件的需求存在价格弹性时，耐用品垄断厂商对易耗部件兼容策略的最优决策问题上。研究中首先利用稳态均衡思想建立了消费者在稳定状态下的效用函数，并对该类耐用品易耗部件的使用和需求特性进行了深入分析；其次，在此基础上建立了该类耐用品易耗部件的需求价格函数关系，并利用市场出清条件和最优决策的相关理论方法获得了耐用品垄断厂商在易耗部件兼容或不兼容两种情况下的最优收益；最后，通过对比分析得出了耐用品垄断厂商在易耗部件兼容问题上的相关最优决策。得出的主要结论如下。

（1）耐用品垄断厂商对易耗部件采取不兼容策略下的耐用品一、二手市场的消费者类型边界低于其对易耗部件采取兼容策略下的耐用品相应市场的消费者类型边界。也可以理解为耐用品垄断厂商在易耗部件不兼容策略下所获得的一、二手消费市场的容量大于其采取易耗部件兼容策略所获得的相应的市场容量。与之相对应，耐用品垄断厂商对易耗部件采取不兼容策略下的每期耐用品最优产量大于其对易耗部件采取兼容策略下的每期耐用品最优产量。

（2）耐用品垄断厂商对易耗部件采取不兼容策略下的易耗

部件最优价格高于其对易耗部件采取兼容策略下的易耗部件最优价格。

（3）当考虑耐用品易耗部件的需求价格弹性时，在垄断市场结构下，易耗部件不兼容策略为耐用品厂商的最优决策。

本章内容在研究时没有考虑厂商的生产能力有可能不足的问题，因为在我国能够做到垄断的势力范围不会太大，对于耐用品厂商而言，这块垄断市场的需求量往往只是其面对的巨大市场中的一个很小部分，不会出现产能不足的问题，但是就其面对的整体市场而言，产能受限的问题还是有可能存在的，因此下一章将研究有关产能受限情况下的厂商最优决策问题。

第 5 章　考虑产能约束的耐用品垄断厂商易耗部件兼容策略研究

　　第 4 章研究了考虑易耗部件需求价格弹性时的耐用品垄断厂商易耗部件兼容策略选择问题，但是现实中还有一类耐用品易耗部件比较特殊，这类耐用品的易耗部件因为政策的强制性或者耐用品使用过程中的技术刚性而使自身的需求缺乏价格弹性，这种特性可能会使此类易耗部件的需求量很大，而厂商的生产能力也有可能会出现不足，因此厂商在对此类易耗部件进行决策时将会有很大的不同。本章将通过借鉴 Ghemawat 和 Magahan（1998）研究美国大型汽轮发电机竞争厂商在不同生产能力约束下的最优决策时所用的方法，以及参考其他有关的耐用品研究文献，从消费者效用角度入手，并根据现实生活中存在的需求缺乏价格弹性且厂商产能受限的耐用品易耗部件的特点来建立数理模型，通过综合运用市场出清条件和对比分析方法来深入探讨当耐用品厂商的易耗部件生产能力有限时，耐用品垄断厂商易耗部件兼容策略的最优选择问题。

5.1　引言

现实生活中经常会遇到一些耐用品的易耗部件一旦出现故障或损坏就必须马上更换的情况，如汽车的车灯、倒车镜等。交通规则的强制性使这类易耗部件一旦损坏就必须立即更换，否则就要受到处罚。而同样一旦出现问题就必须更换的刹车片和火花塞等是因为汽车使用过程中的技术刚性要求。

对于上述这些需求缺乏价格弹性的耐用品易耗部件厂商来说，能否具备及时提供这些易耗部件的产能往往受到厂商的战略、资金、生产线、劳动力等资源的约束，由于资源的有限性，易耗部件产能不足的问题经常困扰着耐用品厂商。这种易耗部件产能不足的缺陷往往会给耐用品厂商带来信誉度下降和市场需求减少的不良后果。

在易耗部件产能存在不足的情况下，如果耐用品厂商对易耗部件采取不兼容策略，此时虽然厂商能够对易耗部件收取垄断高价（最高保留价），但也有可能会导致易耗部件供应不足，进而会降低消费者对耐用品的购买意愿。如果此时耐用品厂商对易耗部件采取兼容策略，则有可能会导致大量的易耗部件厂商涌入市场，从而对耐用品厂商自身的易耗部件市场造成过大的冲击，这种情况下耐用品厂商不仅不能再继续收取最高保留价，甚至会出现易耗部件的价格战，从而使耐用品厂商的总体收益降低，耐用品厂商因此而面临两难选择。由此可见，当耐用品厂商易耗部件的产能有限时，易耗部件兼容策略的选择将会对其收益产生巨大影响。

为了从理论上帮助耐用品厂商解决上述难题，本章将对耐用品垄断厂商可能出现的易耗部件产能不足情况进行细分，在此基础上研究耐用品垄断厂商易耗部件兼容策略的最优决策问题。

5.2　前提假设与模型构建

5.2.1　前提假设

假设某耐用品垄断厂商生产的耐用品可以为消费者服务两期，因为消费者具有异质性，所以设消费者的类型为 θ，且均匀分布于 $[0,1]$ 上，那么价值为 V 的无瑕疵耐用品对于类型为 θ 的消费者的价值为 θV。而那些有瑕疵的耐用品价值为 λV，其中 $\lambda \in (0,1)$，那么类型为 θ 的消费者购买到有瑕疵耐用品后所得的价值为 $\theta \lambda V$。进一步假设消费者每次只购买和使用一个耐用品，并且由于消费者对耐用品服务会产生一定的依赖（如手机、电脑或汽车等），消费者在更换时会再次购买该类耐用品。所以，本书将考虑消费者无限期消费该耐用品的情况。模型的其他假设条件如下。

（1）假设耐用品在生命周期内的损耗是匀速的，其耐用度

$\phi \in (0,1)$，且耐用品易耗部件在每个阶段内需要更换$m(m \geq 1)$次；

（2）假设市场中有两个易耗部件厂商，其中一个为耐用品厂商，另外一个是只生产易耗部件的厂商 D，其中耐用品厂商易耗部件的最大产能为x_1，厂商 D 的易耗部件最大产能为x_2，并且$x_1 > x_2$。

（3）设耐用品厂商每期所生产的新耐用品价格为p_{hn}，其旧耐用品的市场价格为p_{hu}；耐用品厂商的易耗部件价格为p_a，易耗部件厂商 D 的易耗部件价格为p_{da}。

（4）设q_n为耐用品厂商每期所生产的耐用品的产量（市场出清条件下即为其市场需求量），q_a为其易耗部件的产量；q_{da}为厂商 D 每期的易耗部件产量；总的易耗部件市场需求量为d_{ta}。

（5）假设不同厂商生产的耐用品易耗部件是同质的，但耐用品厂商可以通过技术手段来实现耐用品与厂商 D 生产的易耗部件之间的兼容或不兼容。

（6）$\delta[\delta \in (0,1)]$为折现因子，$\alpha[\alpha \in [0,1]]$为一手市场消费者购买到无瑕疵耐用品的概率。由于所研究的问题是最优化问题，在不影响结论的情况下，假设厂商生产的固定成本和边际成本均为零。

5.2.2 模型构建

假设市场上的消费者有三种类型：第一种类型$\theta \in [\theta_1, 1]$为每期购买新耐用品的消费者（一手市场消费者），第二种类型$\theta \in [\theta_2, \theta_1)$为每期购买旧耐用品的消费者（二手市场消费者），第

三种类型 $\theta \in [0, \theta_2)$ 为不购买该耐用品的消费者。三种类型消费者所构成的区间如图 5-1 所示。

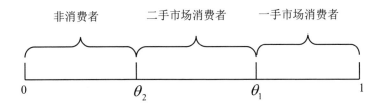

图 5-1　消费者类型区间图

1. 一手市场消费者效用分析

类型为 $\theta \in [\theta_1, 1]$ 的消费者每期只购买新耐用品，如果购买到价值为 V 的质量无瑕疵新耐用品，消费者将使用到耐用品生命周期结束后再购买新品，但是如果消费者购买到价值为 λV 的质量有瑕疵新耐用品，则消费者将会在下一期卖出手中的旧耐用品并购买新品。因此，消费者通过在第 t 期购买新耐用品所得的期望效用为：

$$EV_t^n(\theta) = \alpha\{\theta V - p_n - mp_a + \delta[\theta\phi V - mp_a + \delta EV_{t+2}^n(\theta)]\} \\ + (1-\alpha)\{\lambda\theta V - p_n - mp_a + \delta[p_u + EV_{t+1}^n(\theta)]\} \tag{5-1}$$

其中 $\theta V - p_n - mp_a$ 为消费者在第 t 期购买到质量无瑕疵的新耐用品所得的效用，$\theta\phi V - mp_a$ 为一手市场消费者在第 $t+1$ 期使用旧耐用品所得的效用，$EV_{t+2}^n(\theta)$ 为消费者在第 $t+2$ 期购买新耐用品所得的期望效用，$\lambda\theta V - p_n - mp_a$ 为消费者在第 t 期购买到质量有瑕疵新耐用品所得的效用，$p_u + EV_{t+1}^n(\theta)$ 为消费者在第 $t+1$ 期卖出旧耐用品并购买新耐用品所得的期望效用。

由于在稳态均衡条件下，有 $EV_t^n(\theta) = EV_{t+1}^n(\theta) = EV_{t+2}^n(\theta)$，因此，计算得

$$EV_t^n(\theta) = \frac{\alpha\theta V + \alpha\delta\theta\phi V - \alpha\delta mp_a + \lambda\theta V - p_n - mp_a + \delta p_u - \alpha\theta\lambda V - \alpha\delta p_u}{1 + \alpha\delta - \delta - \alpha\delta^2}$$

$$（5-2）$$

2. 二手市场消费者效用分析

类型为 $\theta \in [\theta_2, \theta_1)$ 的消费者每期只购买旧耐用品，其购买旧耐用品所得的期望效用为 $EV_t^u(\theta) = \phi\lambda\theta V - p_u - mp_a + \delta EV_{t+1}^u(\theta)$，在稳态均衡条件下，有 $EV_t^u(\theta) = EV_{t+1}^u(\theta)$，因此计算得

$$EV_t^u(\theta) = \frac{\lambda\theta\phi V - p_u - mp_a}{1 - \delta} \qquad （5-3）$$

3. 不购买该耐用品的消费者效用分析

类型为 $\theta \in [0, \theta_2)$ 的消费者不购买该耐用品，因此其效用为

$$EV_t^{nb}(\theta) = 0 \qquad （5-4）$$

由于类型为 θ_1 的消费者每期购买新耐用品与购买旧耐用品的效用无差异，有等式 $EV_t^n(\theta) = EV_t^u(\theta)$ 成立，将式（5-2）、式（5-3）代入式（5-4），可得

$$\theta_1 = \frac{p_n - (1+\delta)p_u}{(\alpha\delta\phi - \lambda\alpha\delta\phi + \alpha - \lambda\alpha + \lambda - \lambda\phi)V} \qquad （5-5）$$

式（5-5）所满足的约束条件为

$V(\alpha\delta\phi - \lambda\alpha\delta\phi + \alpha - \lambda\alpha + \lambda - \lambda\phi) > 0$。

由于类型为 θ_2 的消费者其每期购买旧耐用品所得的效用与不购买该耐用品的效用无差异，有 $EV_t^u(\theta) = 0$，再由式（5-3）可得

$$\theta_2 = \frac{p_u + mp_a}{\lambda\phi V} \tag{5-6}$$

根据 Rao（2009）的研究并结合以上分析可得两个重要引理。

引理 5.1：在稳态均衡下，每期耐用品一手市场消费者类型 $[\theta_1, 1]$ 中，有 $\dfrac{1}{\alpha+1}$ 的消费者购买新耐用品。

证明从略（详见引理 4.1 的证明）。

引理 5.2：在稳态均衡和市场出清状态下，每期的耐用品二手市场需求量与一手市场需求量之间的关系为 $\theta_1 - \theta_2 = \dfrac{1-\alpha}{\alpha+1}(1-\theta_1)$。

证明从略（详见引理 4.2 的证明）。

由此可以进一步分析耐用品垄断厂商的最优产量和市场出清价格。设 q_n 为稳态均衡下每期新耐用品的市场需求，根据引理 5.1 和 5.2，有如下等式成立：

$$\begin{cases} \dfrac{1-\theta_1}{\alpha+1} = q_n \\ \theta_1 - \theta_2 = \dfrac{1-\alpha}{\alpha+1}(1-\theta_1) \end{cases} \tag{5-7}$$

将式（5-5）和式（5-6）中的 θ_1 和 θ_2 代入式（5-7），解得耐用品的一手市场价格和二手市场价格分别为

$$p_n = N_1 - N_2 q_n - (1+\delta)mp_a \qquad (5-8)$$

$$p_u = V\lambda\phi - 2q_n V\lambda\phi - mp_a \qquad (5-9)$$

其中，$N_1 = V(\lambda\delta\phi - \alpha\lambda\delta\phi + \alpha + \lambda + \alpha\delta\phi - \lambda\alpha)$，

$N_2 = V(2\lambda\delta\phi + \alpha + \lambda + \alpha\delta\phi + \lambda\phi + \alpha^2\delta\phi + \alpha^2$
$\qquad - \alpha\lambda\delta\phi - \alpha^2\lambda - \lambda\alpha\phi - \alpha^2\lambda\delta\phi)$，

且易知 $N_2 > N_1$，$N_1 > 0$，$N_2 > 0$。

将式（5-9）代入式（5-6），经计算得

$$\theta_2 = 1 - 2q_n \qquad (5-10)$$

由于 $\theta_2 > 0$，由上式可得约束条件 $q_n < 0.5$。

因为本章研究的耐用品易耗部件具有缺乏需求价格弹性的特征，所以每期的易耗部件总需求量为

$$d_{ta} = m(1 - \theta_2) \qquad (5-11)$$

将式（5-10）代入式（5-11）可得

$$d_{ta} = 2mq_n \qquad (5-12)$$

对于耐用品厂商而言，在其易耗部件产能有限的情况下，耐用品厂商对于易耗部件既可以采用兼容策略，也可以通过技术壁垒手段采取不兼容策略。那么，耐用品厂商究竟应该在什么情况下采用易耗部件兼容策略，在什么情况下采用不兼容策略呢？下面将分几种情形对此加以分析。

5.3　模型的分类求解与分析

根据现实情况，本书将耐用品易耗部件的总需求 d_{ta} 与产能 x_1 和 x_2 之间的关系分为四种情形，这四种情形按照易耗部件总需求逐渐增加的顺序进行排序。

（1）易耗部件总需求小于两厂商最低产能情形，此时易耗部件总需求与产能之间满足条件 $d_{ta} \leq x_2$，此时的易耗部件产能严重过剩，易耗部件总需求低于易耗部件厂商 D 的产能。

（2）易耗部件总需求介于两厂商产能之间情形，此时易耗部件的总需求量与产能之间满足数量关系 $x_2 < d_{ta} < x_1$。

（3）易耗部件总需求大于单个厂商产能但小于两厂商产能之和情形，此时易耗部件的总需求量与产能之间满足数量关系 $x_1 \leq d_{ta} < x_1 + x_2$。

（4）易耗部件总需求大于两厂商产能之和情形，此时易耗部件的总需求量与产能之间满足数量关系 $x_1 + x_2 \leq d_{ta}$。

5.3.1　易耗部件总需求小于两厂商最低产能情形

1. 耐用品厂商采取易耗部件兼容策略情形

此时的易耗部件总需求与产能之间满足条件 $d_{ta} \leq x_2$，进一步可知 $d_{ta} \leq x_1 + x_2$，说明每期易耗部件市场需求小于每期易耗部件总产量，如果此时耐用品厂商对易耗部件采取兼容策略，因为易耗部件的总需求量是缺乏价格弹性的，所以两个易耗部件供应商都必然会尽自己所能而生产，根据博弈论的基本原理可知，其最终的均衡价格为各自的边际成本，因为本书在研究中假设边际成本为零，所以可得均衡时的易耗部件价格为

$$p_a^* = p_{da}^* = 0 \qquad (5-13)$$

耐用品厂商在易耗部件上的收益为零，其每期的总收益为

$$\pi_1 = p_n q_n + p_a q_a = p_n q_n \qquad (5-14)$$

对 π_1 求 q_n 的偏导，并利用一阶最优条件可得

$$q_n^* = \frac{N_1}{2N_2} \qquad (5-15)$$

将 p_a^* 和 q_n^* 的表达式代入式（5-8）可得新耐用品的最优价格为

$$p_n^* = \frac{N_1}{2} \qquad (5-16)$$

将 p_a^* 和 q_n^* 的表达式代入式（5-9）可得旧耐用品的价格为

$$p_u^* = V\lambda\phi(1 - \frac{N_1}{N_2}) \qquad (5-17)$$

将 q_n^* 的表达式代入式（5-10），可得

$$\theta_2^* = 1 - \frac{N_1}{N_2} \qquad (5-18)$$

再将式（5-16）、式（5-17）代入式（5-5），解得

$$\theta_1^* = \frac{1}{2}[1 - \frac{V\lambda\phi(\alpha-1)(1+\delta)}{N_2}] \qquad (5-19)$$

最后将p_n^*和q_n^*的表达式代入式（5-14），可得耐用品垄断厂商每期的最优收益为

$$\pi_1^* = \frac{N_1^2}{4N_2} \qquad (5-20)$$

2. 耐用品厂商采取易耗部件不兼容策略情形

如果耐用品厂商通过技术手段对易耗部件采取不兼容策略，因为易耗部件无需求价格弹性，耐用品厂商必然会对易耗部件收取最高垄断价格p_0（p_0为最高保留价格，通常是政府为了在现实中限制厂商的过分逐利行为而设定的消费者保护价），即有

$$p_{as}^* = p_0 \qquad (5-21)$$

此时易耗部件的总需求为

$$q_{tas} = 2mq_{ns} \qquad (5-22)$$

因此，由上面两式可推得耐用品厂商的总收益表达式为

$$\pi_{1s} = p_{ns}q_{ns} + 2mp_0q_{ns} \qquad (5-23)$$

对π_{1s}求q_{ns}的偏导，并利用一阶最优条件得

$$q_{ns}^* = \frac{N_1 + (1-\delta)mp_0}{2N_2} \qquad (5-24)$$

将p_{as}^*和q_{ns}^*的表达式代入式（5-8）可得新耐用品的最优价格为

$$p_{ns}{}^* = \frac{1}{2}[N_1 - (3+\delta)mp_0] \qquad (5\text{-}25)$$

将式（5-21）、式（5-24）代入式（5-9）中，可得旧耐用品的价格为

$$p_{us}{}^* = V\lambda\phi[1 - \frac{N_1 + (1-\delta)mp_0}{N_2}] - mp_0 \qquad (5\text{-}26)$$

将式（5-21）、式（5-26）代入式（5-6）中，可得

$$\theta_{2s}{}^* = 1 - \frac{N_1 + (1-\delta)mp_0}{N_2} \qquad (5\text{-}27)$$

将式（5-25）、式（5-26）代入式（5-5）中，可得

$$\theta_{1s}{}^* = \frac{1}{2}[1 - \frac{V\lambda\phi(\alpha-1)(1+\delta) + mp_0(1+\alpha)(1-\delta)}{N_2}] \qquad (5\text{-}28)$$

由式（5-27）可得约束条件

$$N_1 - (3+\delta)mp_0 > 0 \qquad (5\text{-}29)$$

将 $p_{ns}{}^*$ 和 $q_{ns}{}^*$ 代入 π_{1s} 的表达式中，可得耐用品垄断厂商每期的最优收益为

$$\pi_{1s}{}^* = \frac{[N_1 + (1-\delta)mp_0]^2}{4N_2} \qquad (5\text{-}30)$$

3. 对比分析

下面采用对比方法对耐用品垄断厂商采用易耗部件不兼容和兼容两种不同策略下的最优收益进行对比分析。

命题 5.1 ：当 $d_{ta} \leq x_2$ 时，耐用品厂商的易耗部件最优决策为不兼容策略。

证明：令 $\pi_{1c}^* = \pi_{1s}^* - \pi_1^*$，将式（5-20）和式（5-30）代入后可解得

$$\pi_{1c}^* = \frac{[N_1 + (1-\delta)mp_0]^2}{4N_2} - \frac{N_1^2}{4N_2}$$，因为 $(1-\delta)mp_0 > 0$，所以不难

得出 $\pi_{1c}^* > 0$ 的结论。由此可推断，在 $d_{ta} \leq x_2$ 的条件下，易耗部件不兼容策略是耐用品垄断厂商的最优决策。

5.3.2　易耗部件总需求介于两厂商产能之间情形

1. 耐用品厂商采取易耗部件兼容策略情形

由 Ghemawat 和 Magahan（1998）的研究可知，在需求缺乏弹性的双寡头厂商竞争中，当总需求量和产能之间满足 $x_2 < d_{ta} < x_1$ 条件时，博弈均衡为双方采取混合价格策略。因此，本研究中的耐用品厂商和易耗部件厂商 D 在易耗部件市场的竞争中，均衡也是双方采取易耗部件价格混合策略，且双方易耗部件收益无差异的价格分布区间为 $[p_0(1 - \frac{x_2}{2mq_n}), p_0]$。

根据上面的分析可知，虽然厂商有很多种价格选择，但是在计算中可以用厂商采取最高保留价策略情形进行分析，即有

$$p_a^* = p_0 \qquad （5-31）$$

耐用品垄断厂商每期的易耗部件期望收益为 $E\pi_{2a} = p_0(2mq_n - x_2)$，而易耗部件厂商 D 的期望收益为

$$E\pi_{2da} = p_0(2mq_n - x_2)\frac{x_2}{2mq_n}，那么耐用品厂商每期总的期望收益为$$

$$E\pi_2 = p_nq_n + p_0(2mq_n - x_2) \qquad （5-32）$$

对$E\pi_2$求q_n的偏导，利用一阶最优条件解得

$$q_n^* = \frac{N_1 + (1-\delta)mp_0}{2N_2} \qquad （5-33）$$

将p_a^*和q_n^*的表达式代入式（5-8），可得新耐用品的价格

$$p_n^* = \frac{1}{2}[N_1 - (3+\delta)mp_0] \qquad （5-34）$$

将p_a^*和q_n^*的表达式代入式（5-9），可得旧耐用品的价格为

$$p_u^* = \lambda\phi V[1 - \frac{N_1 + (1-\delta)mp_0}{N_2}] - mp_0 \qquad （5-35）$$

将式（5-31）和式（5-35）代入式（5-6），可得

$$\theta_2^* = 1 - \frac{N_1 + (1-\delta)mp_0}{N_2} \qquad （5-36）$$

将式（5-34）和式（5-35）代入式（5-5），可得

$$\theta_1^* = \frac{1}{2}[1 - \frac{V\lambda\phi(\alpha-1)(1+\delta) + mp_0(1+\alpha)(1-\delta)}{N_2}] \qquad （5-37）$$

再将式（5-33）和式（5-34）代入式（5-32）中，可得此时耐用品垄断厂商每期的最优期望收益为

$$E\pi_2^* = \frac{[N_1 + (1-\delta)mp_0]^2}{4N_2} - p_0x_2 \qquad （5-38）$$

2. 耐用品厂商采取易耗部件不兼容策略情形

当耐用品垄断厂商对易耗部件采取不兼容策略时，耐用品厂商每期的总收益表达式为 $\pi_{2s} = p_{ns}q_{ns} + p_{as}q_{as}$，又因为所研究的易耗部件缺乏需求价格弹性，所以耐用品厂商将对易耗部件收取最高保留价 p_0，即有

$$p_{as}^{\ *} = p_0 \qquad\qquad (5-39)$$

整个易耗部件市场的总需求为

$$q_{as} = 2mq_{ns} \qquad\qquad (5-40)$$

结合式（6-39）、式（5-40）可将耐用品厂商的总收益表达式修改为

$$\pi_{2s} = p_{ns}q_{ns} + 2mp_0q_{ns} \qquad\qquad (5-41)$$

对 π_{2s} 求 q_{ns} 的偏导，利用一阶最优条件解得

$$q_{ns}^{\ *} = \frac{N_1 + (1-\delta)mp_0}{2N_2} \qquad\qquad (5-42)$$

将式（5-39）和式（5-42）代入式（5-8）中可解得此时新耐用品的价格为

$$p_{ns}^{\ *} = \frac{1}{2}[N_1 - (3+\delta)mp_0] \qquad\qquad (5-43)$$

将式（5-39）和式（5-42）代入式（5-9）中解得旧耐用品的价格为

$$p_{us}^{*} = V\lambda\phi[-\frac{N_1 + (1-\delta)mp_0}{N_2}] - mp_0 \qquad （5-44）$$

将式（5-39）和式（5-44）代入式（5-6）中，可得消费者类型边界临界点

$$\theta_{2s}^{*} = 1 - \frac{N_1 + (1-\delta)mp_0}{N_2} \qquad （5-45）$$

将式（5-43）和式（5-44）代入式（5-5）中，可得消费者类型边界临界点

$$\theta_{1s}^{*} = \frac{1}{2}[1 - \frac{V\lambda\phi(\alpha-1)(1+\delta) + mp_0(1+\alpha)(1-\delta)}{N_2}] \qquad （5-46）$$

最后，将式（5-39）、式（5-42）和式（5-43）代入式（5-41）中，可得此时耐用品垄断厂商每期的最优收益为

$$\pi_{2s}^{*} = \frac{[N_1 + (1-\delta)mp_0]^2}{4N_2} \qquad （5-47）$$

3. 对比分析

命题 5.2：当 $x_2 < d_{ta} < x_1$ 时，耐用品垄断厂商的易耗部件最优决策为不兼容策略。

证明：为了分析出不同策略下的收益优劣，令 $\pi_{2c}^{*} = \pi_{2s}^{*} - E\pi_2^{*}$，将式（5-47）和式（5-38）代入后计算后可得 $\pi_{2c}^{*} = p_0 x_2$，因为 p_0 和 x_2 均大于零，所以可得 $\pi_{2c}^{*} > 0$ 的结论，即在 $x_2 \leqslant d_{ta} \leqslant x_1$ 条件下，耐用品厂商的易耗部件最优决策为不兼容策略。

5.3.3 易耗部件总需求大于单个厂商产能但小于两厂商产能之和情形

1. 当耐用品厂商采取易耗部件兼容策略情形

此种情形下的均衡仍然是耐用品厂商和易耗部件厂商 D 采取易耗部件价格混合策略，且双方易耗部件收益无差异的价格分布区间为 $[\frac{p_0(2mq_n - x_2)}{x_1}, p_0]$。

同样，这里以厂商采取最高保留价策略情形进行分析，即有

$$p_a^* = p_0 \qquad (5-48)$$

其每期的易耗部件总需求量为

$$q_a = 2mq_n - x_2 \qquad (5-49)$$

因此，耐用品垄断厂商每期的易耗部件期望收益为：$E\pi_{3a} = p_0(2mq_n - x_2)$，其每期的期望总收益为

$$E\pi_3 = p_n q_n + p_0(2mq_n - x_2) \qquad (5-50)$$

对 $E\pi_3$ 求 q_n 的偏导，并利用一阶最优条件可解得耐用品的最优产量为

$$q_n^* = \frac{N_1 + (1-\delta)mp_0}{2N_2} \qquad (5-51)$$

将式（5-48）和式（5-51）代入式（5-8），可得新耐用品的价格为

$$p_n^* = \frac{1}{2}[N_1 - (3+\delta)]mp_0 \qquad (5\text{-}52)$$

将式（5-48）和式（5-51）代入式（5-9），可得旧耐用品的价格为

$$p_u^* = \lambda\phi V[1 - \frac{N_1 + (1-\delta)mp_0}{N_2}] - mp_0 \qquad (5\text{-}53)$$

将式（5-48）和式（5-53）代入式（5-6）中，可得类型边界临界点

$$\theta_2^* = 1 - \frac{N_1 + (1-\delta)mp_0}{N_2} \qquad (5\text{-}54)$$

将式（5-52）和式（5-53）代入式（5-5）中，可得类型边界临界点

$$\theta_1^* = \frac{1}{2}[1 - \frac{V\lambda\phi(\alpha-1)(1+\delta) + mp_0(1+\alpha)(1-\delta)}{N_2}] \qquad (5\text{-}55)$$

最后，将式（5-51）和式（5-52）代入式（5-49）中，可得耐用品垄断厂商的每期最优期望收益为

$$E\pi_3^* = \frac{[N_1 + (1-\delta)mp_0]^2}{4N_2} - p_0 x_2 \qquad (5\text{-}56)$$

2. 耐用品厂商采取易耗部件不兼容策略情形

同样地，耐用品厂商对易耗部件采取不兼容策略，垄断了易耗部件市场，其将对易耗部件采取最高保留价格策略，因此有

$$p_{as}{}^* = p_0 \tag{5-57}$$

此时耐用品厂商的总收益应为

$$\pi_{3s} = p_{ns}q_{ns} + p_0 q_{as} \tag{5-58}$$

因为易耗部件的产能 x_1 限制了耐用品的市场需求，那么在稳态均衡下有

$$q_{us} = q_{ius} = 2m q_{ns} = x_1 \tag{5-59}$$

由此可得耐用品厂商的耐用品最优产量为

$$q_{ns}{}^* = \frac{x_1}{2m} \tag{5-60}$$

将式（5-57）和式（5-60）代入式（5-8），可得新耐用品的价格为

$$p_{ns}{}^* = N_1 - \frac{N_2 x_1}{2m} - (1+\delta)m p_0 \tag{5-61}$$

将式（5-57）和式（5-60）代入式（5-9），可得旧耐用品的价格为

$$p_{us}{}^* = \lambda \phi V \left(1 - \frac{x_1}{m}\right) - m p_0 \tag{5-62}$$

将式（5-57）和式（5-62）代入式（5-6）中，可得类型边界临界点

$$\theta_{2s}{}^* = 1 - \frac{x_1}{m} \tag{5-63}$$

将式（5-61）和式（5-62）代入式（5-5）中，可得类型

边界临界点

$$\theta_{1s}{}^* = 1 - \frac{x_1}{2m}(1+\alpha) \qquad (5\text{-}64)$$

最后将式（5-57）～式（5-60）和式（5-61）代入式（5-57）中，可得此时耐用品厂商的最优总收益为

$$\pi_{3s}{}^* = \frac{x_1}{4m^2}[2mN_1 - x_1N_2 + 2(1-\delta)m^2p_0] \qquad (5\text{-}65)$$

3. 对比分析

命题5.3：在$x_1 \leqslant d_{ta} < x_1 + x_2$情形下，存在

$$x_{11}{}^* = \frac{mN_1 + (1-\delta)m^2p_0 - 2m\sqrt{p_0x_2N_2}}{N_2}$$

和$x_{12}{}^* = \dfrac{mN_1 + (1-\delta)m^2p_0 + 2m\sqrt{p_0x_2N_2}}{N_2}$两个耐用品垄断厂商的易耗部件产能临界点。当耐用品垄断厂商的最大产能$x_1 < x_{11}{}^*$和$x_1 > x_{12}{}^*$时，耐用品垄断厂商的易耗部件最优决策为兼容策略，但当$x_{11}{}^* < x_1 < x_{12}{}^*$时，耐用品垄断厂商的易耗部件最优决策为不兼容策略。同时，存在"产能激励"拐点$x_1{}^* = \dfrac{(1-\delta)m^2p_0 + mN_1}{N_2}$，当$x_1 < x_1{}^*$时，耐用品垄断厂商采取易耗部件不兼容策略所受到的激励随其产能x_1的增加而增加；而当$x_1 > x_1{}^*$时，耐用品垄断厂商采取易耗部件不兼容策略所受到的激励随其产能x_1的增加而减少。

证明：对不同兼容策略下的耐用品厂商收益进行对比，令

π_{3c}^{*} 为两者的差值，则有

$$\pi_{3c}^{*} = \pi_{3s}^{*} - \pi_{3}^{*}$$

$$= \frac{x_1}{4m^2}[2N_1m - N_2x_1 + 2(1-\delta)m^2p_0] - \{\frac{[N_1 + (1-\delta)mp_0]^2}{4N_2} - p_0x_2\}$$

$$= p_0x_2 - \frac{[x_1N_2 - mN_1 - (1-\delta)m^2p_0]^2}{4m^2N_2}$$

$$(5-66)$$

因为表达式中无法直接看出正负大小，且本书研究的重点在于易耗部件产能对耐用品厂商最优决策的影响，所以对 π_{3c}^{*} 求 x_1 的一阶偏导数，可得

$$\frac{\partial \pi_{3c}^{*}}{\partial x_1} = \frac{(1-\delta)m^2p_0 + mN_1 - x_1N_2}{2m^2} \qquad (5-67)$$

利用一阶最优条件，令 $\dfrac{\partial \pi_{3c}^{*}}{\partial x_1} = 0$，可解得

$$x_1^{*} = \frac{(1-\delta)m^2p_0 + mN_1}{N_2} \qquad (5-68)$$

由上式较易得出当 $x_1 < x_1^{*}$ 时，$\dfrac{\partial \pi_{3c}^{*}}{\partial x_1} > 0$，而当 $x_1 > x_1^{*}$ 时，$\dfrac{\partial \pi_{3c}^{*}}{\partial x_1} < 0$ 的结论。

根据函数极值的性质与第一充分条件可知，π_{3c}^{*} 在 x_1^{*} 处有极大值，且通过 π_{3c}^{*} 的表达式不难得到以下结论：

当 $x_1 \to 0$ 时，$x_2 \to 0$，$\lim\limits_{x_1 \to 0, x_2 \to 0} \pi_{3c}^{*} < 0$；

当 $x_1 \to x_1^{*}$ 时，$\lim\limits_{x_1 \to x_1^{*}} \pi_{3c}^{*} = p_0x_2 > 0$；

当 $x_1 \to +\infty$ 时，$\lim\limits_{x_1 \to +\infty} \pi_{3c}^{*} < 0$。

所以，在x_1的取值范围内，必然存在$x_{11}{}^*$和$x_{12}{}^*$两点使$\pi_{3c}{}^*=0$。因此，令$\pi_{3c}{}^*=0$，经计算解得

$$x_{11}{}^* = \frac{mN_1+(1-\delta)m^2p_0-2m\sqrt{p_0x_2N_2}}{N_2} \qquad (5\text{--}69)$$

$$x_{12}{}^* = \frac{mN_1+(1-\delta)m^2p_0+2m\sqrt{p_0x_2N_2}}{N_2} \qquad (5\text{--}70)$$

综上所述，可画出当x_1为自变量时$\pi_{3c}{}^*$的图形，如图5-2所示。

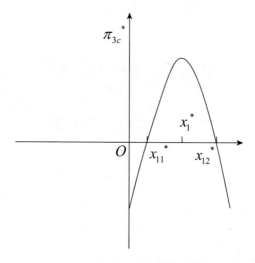

图5-2 $\pi_{3c}{}^*$的图形（x_1为自变量）

从图5-2可看出，此时存在着两个临界点$x_{11}{}^*$和$x_{12}{}^*$，当$x_1<x_{11}{}^*$和$x_1>x_{12}{}^*$时，耐用品垄断厂商采取易耗部件兼容策略时所得的收益更大，即此时兼容策略为最优决策；而当$x_{11}{}^*<x_1<x_{12}{}^*$时，耐用品垄断厂商采取易耗部件不兼容策略时

所得的收益更大，即此时不兼容策略为最优决策。而且，当

$x_1 < x_1^* = \dfrac{(1-\delta)m^2 p_0 + mN_1}{N_2}$ 时，耐用品垄断厂商采取易耗部件不兼

容策略所受到的激励随 x_1 的增加也在逐渐增加；而当 $x_1 > x_1^*$ 时，耐用品垄断厂商采取易耗部件不兼容策略所受到的激励随 x_1 的增加而减少。

5.3.4　易耗部件总需求大于两厂商产能之和情形

1. 耐用品厂商采取易耗部件兼容策略情形

由于此时易耗部件的市场需求 q_{ta} 大于所有易耗部件厂商的产能，两个易耗部件厂商都将采取最高保留价策略，即有

$$p_a^* = p_{da}^* = p_0 \qquad (5-71)$$

并且此时易耗部件的市场总需求为

$$q_{ta} = 2my = x_1 + x_2 \qquad (5-72)$$

耐用品垄断厂商每期的易耗部件收益为 $\pi_{4a} = p_0 x_1$，其每期的总收益为

$$\pi_4 = p_n q_n + p_0 x_1 \qquad (5-73)$$

对 π_4 求 q_n 的偏导，并利用一阶最优条件，可得

$$q_n^* = \frac{N_1 - (1+\delta)m p_0}{2N_2} \qquad (5-74)$$

将式（5-71）和式（5-74）代入式（5-8），可得新耐用品的最优价格

$$p_n^* = \frac{1}{2}[N_1 - (1+\delta)mp_0] \qquad (5-75)$$

将式（5-71）和式（5-74）代入式（5-9），可得旧耐用品的市场出清价格

$$p_u^* = \lambda\phi V(1 - \frac{N_1 - (1+\delta)mp_0}{N_2}) - mp_0 \qquad (5-76)$$

将式（5-71）和式（5-76）代入式（5-6）中，可得消费者类型边界点

$$\theta_2^* = 1 - \frac{N_1 - (1+\delta)mp_0}{N_2} \qquad (5-77)$$

将式（5-76）和式（5-77）代入式（5-5）中，可得消费者类型的边界点

$$\theta_1^* = \frac{1}{2}[1 - \frac{V\lambda\phi(\alpha-1)(1+\delta) - mp_0(1+\alpha)(1+\delta)}{N_2}] \qquad (5-78)$$

将式（5-74）和式（5-75）代入式（5-73）中，可得垄断厂商最优总收益为

$$\pi_4^* = \frac{[N_1 - (1+\delta)mp_0]^2}{4N_2} + p_0 x_1 \qquad (5-79)$$

2.耐用品厂商采取易耗部件不兼容策略情形

在此情况下，由于耐用品厂商对易耗部件采取不兼容策略，其将垄断易耗部件市场，并会对易耗部件收取最高保留价，即有

$$p_{as}^* = p_0 \qquad (5-80)$$

其在耐用品和易耗部件上的总收益为

$$\pi_{4s} = p_{ns}q_{ns} + p_{as}q_{as} \qquad （5-81）$$

当 $x_1 + x_2 \leqslant d_{ta}$ 时，因为耐用品厂商对易耗部件采取的是不兼容策略，所以每期供给市场的易耗部件最大产量为 x_1，在稳态均衡下有

$$d_{tas} = q_{as} = 2mq_{ns} = x_1 \qquad （5-82）$$

每期耐用品的最优产量则为

$$q_{ns}{}^* = \frac{x_1}{2m} \qquad （5-83）$$

将式（5-80）和式（5-83）代入式（5-8），可得新耐用品的最优价格

$$p_{ns}{}^* = N_1 - \frac{N_2 x_1}{2m} - (1+\delta)mp_0 \qquad （5-84）$$

将式（5-80）和式（5-83）代入式（5-9），可得旧耐用品的市场出清价格

$$p_{us}{}^* = \lambda\phi V\left(1 - \frac{x_1}{m}\right) - mp_0 \qquad （5-85）$$

将式（5-80）和式（5-85）代入式（5-6）中，可得消费者类型的边界临界点

$$\theta_{2s}{}^* = 1 - \frac{x_1}{m} \qquad （5-86）$$

将式（5-84）和式（5-85）代入式（5-5）中，可得消费

者类型边界临界点

$$\theta_{1s}{}^* = 1 - \frac{x_1}{2m}(1+\alpha) \qquad (5-87)$$

最后将式（5-80）～式（5-84）代入式（5-81）中，可得此时耐用品垄断厂商的最优总收益为

$$\pi_{4s}{}^* = \frac{x_1}{4m^2}[2mN_1 - x_1N_2 + 2(1-\delta)m^2p_0] \qquad (5-88)$$

3. 对比分析

命题 5.4：当 $x_1 + x_2 \leq d_{ta}$ 时，耐用品垄断厂商的易耗部件最优决策是兼容策略。

证明：令不同易耗部件兼容策略下的收益之差为 $\pi_{4c}{}^*$，

且 $\pi_{4c}{}^* = \pi_{4s}{}^* - \pi_4{}^*$，将各表达式代入后得

$$\pi_{4c}{}^* = \frac{x_1}{4m^2}[2mN_1 - x_1N_2 + 2(1-\delta)mp_0] - \{\frac{[N_1-(1+\delta)mp_0]^2}{4N_2} + p_0x_1\}$$

$$= -\frac{[mN_1 - x_1N_2 - (1+\delta)m^2p_0]^2}{4m^2N_2} < 0$$

$$(5-89)$$

由上面的分析不难看出，当 $x_1 + x_2 \leq q_{ta}$ 时，耐用品垄断厂商的易耗部件最优决策为兼容策略。

5.4　案例分析

一汽－大众汽车有限公司生产的 2011 款"速腾"因为其合理的市场定位和不俗的性价比而受到了国内消费者的追捧，但是由于中国第一汽车集团对市场的估计不足，"速腾"的整车和零配件的产能都远远不能满足市场需求，购车需要预约和修车需要等候的现象极为普遍，给广大消费者带来了很大的不便。浙江汽车网在其网站上所做的有关报道中所列举的杭州萧山一位"速腾"消费者的维权案例很好地说明了这一点，具体情况如表 5-1 所示。

表 5-1　汽车消费者维修投诉信息一览表

被投诉汽车品牌	中国一汽－大众
被投诉汽车型号	2011 款"速腾"
被投诉汽车厂家	一汽－大众汽车有限公司
投诉时间	2011 年 3 月 14 日
送修时间	2011 年 2 月 11 日
4S 店	杭州萧山百年 4S 店
投诉车主	浙江杭州萧山徐先生
故障与投诉原因	右前大灯配件缺货，等候的时间过长

（资料来源：根据"浙江汽车网"的有关报道整理所得。）

表 5-1 中的内容表明，"速腾"消费者仅仅因为需要更换车前大灯就等候了一个月之久还未能等到自己所需要的配件，"速腾"厂商配件产能的严重不足极大地伤害了消费者对一汽 – 大众品牌的信任和忠诚度，对一汽 – 大众的市场需求也产生了一定的负面影响，很多潜在消费者在准备购车时会因为不愿意排号等待或担心将来维修困难而转买其他公司的产品。

从上面的案例可以看出，当两个汽车厂商都面临易耗部件产能严重不足的情况（可视为前面研究中的 $x_1 + x_2 \leq d_{ta}$ 情形）下，他们仍然选择了易耗部件不兼容策略，这虽然能够让他们继续对易耗部件收取垄断高价（最高保留价），但终会导致易耗部件供应的严重不足，进而会间接降低消费者对耐用品的购买意愿，对厂商来说并不是最优的，这与命题 5.4 的判断相符合，即此时厂商应采取适度的易耗部件兼容策略。

5.5　本章小结

本书研究了在耐用品垄断厂商的易耗部件产能有限情况下，耐用品厂商在面对产能小于自己的易耗部件厂商时应如何选择易耗部件的兼容策略来获取最大收益的问题。根据实际中易耗部件总需求量与两个厂商最大产能之间的关系，把可能出现的情况分为四类，并在此分类的基础上做了进一步的深入探析，研究结果如下。

（1）当$d_{ta} \leqslant x_2$和$x_2 < d_{ta} < x_1$时，耐用品垄断厂商易耗部件最优决策为不兼容策略。

（2）在$x_1 \leqslant d_{ta} < x_1 + x_2$情况下，存在

$$x_{11}^* = \frac{mN_1 + (1-\delta)m^2 p_0 - 2m\sqrt{p_0 x_2 N_2}}{N_2}$$

和$x_{12}^* = \dfrac{mN_1 + (1-\delta)m^2 p_0 + 2m\sqrt{p_0 x_2 N_2}}{N_2}$两个临界点。当耐用品垄断厂商的易耗部件产能处于两者之间时，其易耗部件最优决策为不兼容策略；当其易耗部件产能处于两者之外时，应采用易耗部件兼容策略。此外，存在拐点$x_1^* = \dfrac{(1-\delta)m^2 p_0 + mN_1}{N_2}$，当$x_1 < x_1^*$时，耐用品垄断厂商采取易耗部件不兼容策略所受到的激励随x_1的增大而增加，反之结论相反。

（3）当$x_1 + x_2 \leqslant d_{ta}$时，耐用品垄断厂商的易耗部件最优决策为兼容策略。

通过本章的研究发现，在耐用品厂商的易耗部件产能有限的情况下，耐用品垄断厂商通过对易耗部件兼容策略的正确选择会给其带来更大的收益，但是如果该耐用品厂商处在耐用品竞争而非垄断的市场条件下，其对易耗部件的决策又该如何呢？上述结论是否仍然适用？或者耐用品厂商又该如何决策才是最优的呢？这些问题都将在今后加以深入研究。

参考文献

[1] ABEL A B. Market structure and the durability of goods [J]. Review of Economics Studies, 1983, 50(4): 625-647.

[2] ACKERE A V, REYNIERS D J. Trade-ins and introductory offers in a monopoly[J]. RAND Journal of Economics, 1995, 26(1):58-74.

[3] ADDA J, COOPER R J. A discrete analysis of scrapping subsidies[J]. Journal of Political Economics, 2000, 108(4):778-806.

[4] AKERLOF G. The market for 'Lemons': quality uncertainty and the market mechanism[J]. Quarterly Journal of Economics, 1970, 84: 488-500.

[5] AIZCORBE A, MARTHA S M. Vehicle ownership, purchases, and leasing: consumer survey data [J]. Monthly Labor Review, 1997, 120(6): 34-43.

[6] ATASU A, SARVARY M, Wassenhove V N. Remanufacturing as a marking strategy[J]. Management Science, 2008, 54(10), 1731-1746.

[7] AUERNHEIMER L, SAVING T. Market organization and the durability of durable Goods[J]. Econometrica, 1977, 45(1): 219–228.

[8] AUSUBEL L M, DENECKERE R J. Reputation in bargaining and durable goods monopoly[J].Econometrica, 1989, 57: 511–531.

[9] AUSUBEL L, DENECKERE J. Durable goods monopoly with incomplete information [J]. The Review of Economic Studies, 1992, 59(4): 795–812.

[10] BAGNOLI M, SALANT S, SWIERZBINSKI J. Durable–goods monopoly with discrete demand[J]. Journal of Political Economy, 1989, 97: 1459–1478.

[11] BARRO R. Monopoly and contrived depreciation[J]. Journal of Political Economy, 1972, 80: 589–607.

[12] BASAK S, ANNA P. Monopoly power and the firm's valuation: a dynamic analysis of short versus long–term policies [J]. Economic Theory, 2004, 24: 503–530.

[13] BASS F M. A new product growth model for consumer durables[J]. Management Science, 1969, 15: 215–237.

[14] BAYINDIR Z P, DEKKER R, PORRAS E. Determination of recovery effort for a probabilistic recovery system under various inventory control policies [J]. International Journal of Management Science, 2006, 34(6): 571–584.

[15] BERNSTEIN J I, NADIRI M I. Inter–industry R&D spillovers, rates of return and production in high–tech industries[J]. American Economic Review, 1988, 78(2):429–435.

[16] BENJAMIN D, ROGER K. The interrelationship between the markers for new and used durable goods[J]. Journal of Law and Economics, 1974, 17(2): 381−401.

[17] BHASKARAN R, GILBERT S. Selling and leasing strategies for durable goods with complementary products [J]. Management Science, 2005, 51(8): 1278−1290.

[18] BHAVIK K. development of a markov decision process–based model for controlling secondary market sales: the example of the online market for used textbooks [J]. International Journal of Management, 2010, 27(3): 704−812.

[19] BIEHR R A. Durable−goods monopoly with stochastic values [J]. Rand Journal of Economics, 2001, 32(3): 565−577.

[20] BOND E, SAMUELSON L. Durable good monopolies with rational expectations and replacement sales[J]. Rand Journal of Economics, 1984, 15: 336−345.

[21] BRUCE N, DESAI P, STAELIN R. The better they are, the more they give: trade promotions of consumer durables[J]. Journal of Marketing Research, 2005, 42(1): 54−66.

[22] BUCOVETSKY S, CHILTON J. Concurrent renting and selling in a durable−goods monopoly under threat of entry[J]. Rand Journal of Economics, 1986, 17: 261−275.

[23] BULOW J. An economic theory of planned obsolescence[J]. Quarterly Journal of Economics, 1986, 101: 729−749.

[24] BULOW J. Durable goods monopolists[J]. Journal of Political Economy, 1982, 90: 314−362.

[25] BUTZ D. Durable-good monopoly and best-price provision[J]. American Economic Review, 1990, 80: 1062-1076.

[26] CHOI J. Network externality, compatibility choice, and planned obsolescence[J]. Journal of Industrial Economics, 1994, 42: 167-182.

[27] CHOUDHARY V, GHOSE A, MUKHOPADHYAY T, et al. Personalized pricing and quality differentiation[J]. Management Science, 2005, 51(7): 1120-1130.

[28] CHRISTOS Z, TAGARAS G. Impact of uncertainty in the quality of returns of the profitability of a single-period refurbishing operation [J]. European Journal of Operational Research, 2007, 182: 205-235.

[29] COASE R. Durability and monopoly[J]. Journal of Law and Economics, 1972,15:143-159.

[30] CONLISK J, EITAN G, JOEL S. Cyclic pricing by a durable goods monopolist[J]. Quarterly Journal of Economics, 1984, 99(3): 489-505.

[31] COLANGELO G. Durability in a monopoly with a small number of buyers[J]. Australian Economic Papers, 1999, 38 (3): 250-259.

[32] DANIEL A L, PUROHIT D. Durable goods and product obsolescence[J].Marketing Sceince, 1989,8(1): 35-56.

[33] DENECKERE R J, MENG Y L. Imperfect durability and the coase conjecture [J]. Rand Journal of Economics, 2008, 39(1): 1-19.

[34] DENECKERE R J, PALMA A D. The diffusion of consumer durables in a vertically differentiated oligopoly[J]. Rand Journal of

Economics, 1998, 29(4): 750-771.

[35] DEGRABA P. No lease is short enough to solve the time inconsistency problem[J]. Journal of Industrial Economics, 1994, 42(4): 361-374.

[36] DENICOLO V, GARELLA P. Rationing in a durable goods monopoly[J]. Rand Journal of Economy, 1990, 30(1): 44-59.

[37] DESAI P, PUROHIT D. Leasing and selling: optimal marketing strategies for a durable goods firm[J]. Management Science, 1998, 44(1): 19-34.

[38] DESAI P, PUROHIT D. Competition in durable goods markets:the strategic consequences of leasing and selling[J]. Marketing Science, 1999, 18(1): 42-58.

[39] ELLISON G, FUDENBERG D. The neo-luddite's lament: excessive upgrades in the software industry[J].Rand Journal of Economics, 2000, 31: 253-277.

[40] ESTEBAN S, SHUM M. Durable-goods oligopoly with secondary markets: the case of automobiles [J]. Rand Journal of Economics, 2007, 38(2): 1-23.

[41] FERGUSON M, TOKTAY B. The effect of competition on recovery strategies[J]. Production and Operations Management, 2006, 15: 351-368.

[42] FERRER G, SWAMINATHAN J M. Managing new and remanufactured products [J]. Management Science, 2006, 52(1): 15-27.

[43] FISHMAN A, ROB R. Product innovation by a durable-good

monoply[J]. Rand Journal of Economics, 2000, 31: 237−252.

[44] FISHMAN A, GANDAL N, SHY O. Planned obsolescence as an engine of technological progress [J]. The Journal of Industrial Economics, 1993, 4: 361−370.

[45] FLEISCHMANN M, KUIK R. On optimal inventory control with independent stochastic item returns[J]. European Journal of Operational Research, 2003, 151(1):25−38.

[46] FUDENBERG D,TIROLE J. A theory of exit in duopoly[J]. Econometrica, 1986,54(4):943−960.

[47] FUDENBERG D, TIROLE J. Upgrades, trade−ins, and buybacks [J]. Rand Journal of Economics, 1998, 29: 235−268.

[48] GENESOVE D. Adverse selection in the wholesale used car market [J]. Journal of political economy, 1993, 101(4): 644−665.

[49] GHOSE A, TELANG R, KRISHNan, R. Do secondary markets for durable goods help or hurt suppliers[J].Marketing Science, 2003, 22: 134−156.

[50] GILLIGAN W T. Lemons and leases in the used business aircraft market [J]. Journal of Political Economy, 2004, 112(5): 1157−1180.

[51] GINSBURG J. Manufacturing: once is not enough [J]. Business Week, 2001, (16):128−129.

[52] GOERING G E. Durability choice under demand uncertainty[J]. Economical, 1993, 60(240): 397−411.

[53] GOERING G E. Managerial incentives durable goods monopoly[J]. Journal of Economics of Business, 1994, 1(2): 271−281.

[54] GOERING G E. Product durability and moral hazard [J]. Review of

Industrial Organization, 1997, 12: 399–411.

[55] GOERING G E. Durable goods monopoly, buyer uncertainty, and concurrent selling and renting [J]. Metroeconomica, 2000, 51(4): 413−434.

[56] GOERING G E. Durability choice with differentiated products[J]. Research in Economics, 2007, (61): 105−122.

[57] GOERING G E. Socially concerned firms and the provision of durable goods [J]. Economic Modelling, 2008, (25): 575−583.

[58] GOERING G E, MICHAEL P K. Durable goods monopoly and forward markets [J]. International Journal of the Economics of Business, 2002, 9(2): 271−282.

[59] GOERING G E, MICHAEL P K. Dynamic consistency and monopoly[J]. Atlantic Economic Journal, 2003, 31(2): 188−194.

[60] GOERING G E, MICHAEL P K. Exchange rates and concurrent leasing and selling in durable−goods monopoly [J]. International Atlantic Economic Society, 2009, 37: 187−196.

[61] GRAVES S C. A multi−echelon inventory model for a repairable item with one−for−one replenishment[J]. Management Science, 1985, 31(10):1247−1256.

[62] GREEN J E, ROBERT P H. Non−cooperative collusion undetected imperfect price information[J]. Econometrica, 1984, 52(1): 87−100.

[63] GRUBBSTROM R W, TANG O. Optimal production opportunities in a remanufacturing system[J]. International Journal of Production Research, 2006, 44(18): 3953−3966.

[64] GU Q, JI L. Research on price decision for reverse supply chain

based on fixed lowest quantitative demand [J]. Computer Integrated Manufacturing Systems, 2005, 11(12), 1751−1757.

[65] GUL F. Non−cooperative collusion in durable goods oligopoly [J]. Rand Journal of Economics, 1987, 18 (2): 248−254.

[66] GUL F, SONNENSCHEIN H, WILSON R. Foundations of dynamic monopoly and the Coase conjecture[J]. Journal of Economic Theory, 1986, 39(1): 155−200.

[67] HEESE H S, CATTANI K, FERRER G, et al. Competitive advantage through take−back of used products [J]. European Journal of Operational Research, 2005, 164(1):143−167.

[68] HENDEL I, LIZZERI A. Interfering with secondary markets[J]. Rand Journal of Economics, 1999a, 30(1): 1−21.

[69] HENDEL I, LIZZERI A. Adverse selection in durable goods markets[J]. American Economic Review, 1999b, 89(5): 1097−1115.

[70] HENDEL I, LIZZERI A. The role of leasing under adverse selection[J]. Journal of Political Economy, 2002, 110(1): 113−153.

[71] HOUSE L C, JOHN L V. An sS model with adverse selection[J]. Journal of Political Economy, 2004, 112(3): 581−614.

[72] HOPPE H C, LEE I. Entry deterrence and innovation in durable goods monopoly[J]. Europe Economic Review, 2003, 47: 1011−1036.

[73] HUANG S, YANG Y, ANDERSON K. A theory of finitely durable goods monopoly with used−goods markets and transaction costs[J]. Management Science, 2001, 47(11): 1515−1632.

[74] INDERFURTH K. Optimal policies in hybrid manufacturing/

remanufacturing system with product substitution[J]. International Journal of Production Economics, 2004, 90(3): 325-353.

[75] INDERST R, MULLER H. Competitive search markets for durable goods [J]. Economic Theory, 2002, 19: 599–622.

[76] JIA K H, L X W, FENG J. Selling or leasing? Dynamic pricing of software with upgrades [J].European Journal of Operational Research, 2018,266(3):1044-1161.

[77] JANSSEN M W, ROY S. Dynamic trading in a durable good market with asymmetric information [J]. International Economic Review, 2002, 43(1): 257-282.

[78] JOAO M. Inefficient sales delays by a durable-good monopoly facing a finite number of buyers[J]. RAND Journal of Economics, 2013, 44(3): 425–437.

[79] JOHNSON P J, WALDMAN M. Leasing, lemons, and buybacks[J]. RAND Journal of Economics, 2003, 34: 247-265.

[80] JOHNSON P J, WALDMAN M. Leasing, lemons, and moral hazard[J]. Journal of Law and Economics, 2010, 53: 307-328.

[81] JUDITH C, AUSTAN G. Are durable goods consumers forward-looking? evidence from college textbooks[J]. The Quarterly Journal of Economics, 2009, 11: 1853-1984.

[82] DANIEL K, TVERSKY A. Prospect theory: an analysis of decision under risk[J]. Econometrica, 1979, 47(2): 263-291.

[83] KARP L, JEFFREY P. The optimal suppression of a low-cost technology by a durable-good monopoly[J]. Rand Journal of Economics, 1996, 27(2): 346-364.

[84] KIESMULLER G P, SCHERER C W. Computational issues in a stochastic finite horizon one product recovery inventory model [J]. European Journal of Operational Research, 2003, 146: 553−579.

[85] KIM D. Optimal strategies for durable goods monopolists: leasing, selling or hybrid[J].Journal of Economic Research, 2010, 15: 273− 291.

[86] KLEIMAN E, OPHIR T. The durability of durable goods[J]. Review of Economic Studies, 1966, 33(2): 165−188.

[87] KONISHI H, SANDFORT M T. Existence of stationary equilibrium in the markets for new and used durable goods[J]. Journal of Economy and Dynamic Control, 2002, 26(6): 1029, 1052.

[88] KOENIGSBERG O, KOHLI R, MONTOYA R. The design of durable goods. [J]. Marketing Science, 2011, 30(1): 111−122.

[89] KÖSZEGI, B, RABIN M. Reference−dependent consumption plans. American Economic Review, 2009, 99: 909−936.

[90] KUHN K. Inter−temporal price discrimination in frictionless durable goods monopolies[J]. Journal of Industrial Economics, 1998, 46: 101−114.

[91] KUHN K, PADILLA A. Product line decisions and the Coase conjecture[J]. Rand Journal of Economics, 1996, 27: 391−414.

[92] KUTSOATI E, ZÁBOJNÍK J. The effects of learning−by−doing on product innovation by a durable good monopolist[J]. International Journal of Industrial Organization, 2005, 23 (1/2): 83−118.

[93] LAN L. Product line design for consumer durables: an integrated marketing and engineering approach[J]. Journal of Marketing

Research, 2011, XLVIII (February): 128–139.

[94] LEE I H, LEE J. A theory of economic obsolescence[J]. Journal of Industrial Economics, 1998, 46: 383–401.

[95] LEE H S. Durable goods monopolists and backward compatibility[J]. The Japanese Economic Review, 2006, 57(1): 141–155.

[96] LEVHARI D, SRINIVASAN T. Durability of consumption goods: competition versus monopoly[J]. American Economic Review, 1969, 59(1): 102–107.

[97] LEVINE D, PESENDORFER W. When are agents negligible?[J]. American Economic Review, 1995, 85(5): 1160–1170.

[98] LEVINTHAL D, PUROHIT D. Durable goods and product obsolescence [J]. Marketing Science, 1989, 8(1): 35–56.

[99] LI CY, GENG X Y. Licensing to a durable–good monopoly [J]. Economic Modelling, 2008, 25: 876–884.

[100] LIEBOWITZ S. Durability, market structure, and new–used goods models[J]. American Economic Review, 1982, 72(4): 816–824.

[101] MASKIN E, JOHN R. Monopoly with incomplete information[J]. Rand Journal of Economics, 1984, 15(2): 171–196.

[102] MAHADEVAN B, DAVID F P, FLEISCHMANN M. Periodic review, push inventory policies for remanufacturing[J].European Journal of Operational Research, 2003, 151(3): 536–551.

[103] MCAFEE R P, THOMAS W. Capacity choice counters the coase conjecture[J]. Review of Economic Studies, 2008, 75: 317–332.

[104] MILLER H, LAWRENCE J. On killing off the market for used

textbooks and the relationship between markets for new and used secondhand goods[J]. Journal of Political Economy, 1974, 82(3): 612−619.

[105] MILLER H, UPTON W. Leasing, buying, and the cost of capital services[J]. Journal of Finance, 1976, 31(3): 761−786.

[106] MILLS G. Public utility pricing for joint demand involving a durable good. Bell journal of economics, 1976,7 (1): 299−307.

[107] MORITA H, WALDMAN M. Competition, monopoly maintenance, and consumer switching costs[J]. Journal of Economics and Management Strategy, 2004, 13(2): 273−302.

[108] MUSSA M, ROSEN S. Monopoly and product quality[J]. Journal of Economic Theory, 1978, 18(2): 301−317.

[109] NAHM J. Durable goods monopoly with endogenous innovation[J]. Journal of Economics and Management Strategy, 2004, 13: 303−319.

[110] NORRIS B, PREYAS D, RICHARD S. The better they are, the more they give: trade promotions of consumer durables[J]. Journal of Marketing Research, 2005, XLII(February): 54−66.

[111] PARKS R W. The demand and supply of durable goods and durability[J]. The American Economic Review, 1974, 64(1): 37−55.

[112] PASQUALE S, NAVA F. Resale and collusion in a dynamic market for semidurable goods[J]. The Journal of Industrial Economics, 2012, 60(2): 274−308.

[113] PUROHIT D. Exploring the relationship between the markets for new and used durable goods: the case of automobiles[J]. Marketing

Science, 1992, 11(2): 154-177.

[114] RAO R S, NARASIMHAN O, JOHN G. Understanding the role of trade-ins in durable goods markets: theory and evidence[J]. Marketing Science, 2009, 28(5): 950-967.

[115] RUST J. Stationary equilibrium in a market for durable assets[J]. Econometrica, 1985, 53(4): 783-805.

[116] RUST J. When is it optimal to kill off the market for used durable goods[J]. Econometrica, 1986, 54(1): 65-86.

[117] SAVASKAN R C, WASSENHOVE L V. Reverse channel design: the case of competing retailers[J]. Management Science, 2006, 52(1): 1-14.

[118] SAGGI K, VETTAS N. Leasing versus selling and firm efficiency in oligopoly[J]. Economics Letters, 2000, 66: 361-368.

[119] SCHMALENSEE R. Market structure, durability, and maintenance effort[J]. Review of Economic Studies, 1974, 41(2): 277-287.

[120] SCHMALENSEE R. Regulation and the durability of goods[J]. Bell Journal of Economics, 1970, 1(1): 54- 64.

[121] SEIPER E, SWAN P. Monopoly and competition in the market for durable goods[J]. Review for Economic Studies, 1973, 40(3): 333-351.

[122] SHIROUZU N. High fuel prices trigger invasion of the minicars: car makers pitch new models as safer than predecessors[J]. Wall Street Journal, 2005(14): D1.

[123] SIMPSON V P. Optimum solution structure for a repairable inventory problem[J]. Operations Research, 1978, 26(2): 270-281.

[124] SOBEL J. Durable goods monopoly with entry of new consumers[J]. Econometrica, 1991, 59(5): 1455−1585.

[125] SREEKUMAR R, STEPHENSON M. Selling and leasing strategies for durable goods with complementary products[J]. Management Science, 2005, 51(8): 1278−1290.

[126] STOKEY N. Rational expectations and durable goods prcing[J]. Bell Journal of Economics, 1981, 12(1): 112−128.

[127] STOLYAROV D. Turnover of used durables in stationary equilibrium: are older goods traded more?[J]. Journal of Political Economy, 2002, 110(6): 1390−1413.

[128] SU T. durability of consumption goods reconsidered [J]. American Economic Review, 1975, 65(1): 148−157.

[129] SWAN P. Durability of consumption goods[J]. American Economic Review, 1970, 60(5): 884−994.

[130] SWAN P. The durability of goods and the regulation of monopoly[J]. Bell Journal of Economics and Management Science, 1971, 2: 347−357.

[131] SWAN P. Optimum durability, second hand markets, and planned obsolescence[J]. Journal of Political Economy, 1972, 80(3): 575−585.

[132] SUBRAMANIAN R, FERGUSON M E, TOKTAY L B. Remanufacturing and the component commonality decision[J]. Production and Operations Management, 2012, 26(1): 36−53.

[133] TAKEYAMA N L. Strategic vertical differentiation and durable goods monopoly[J]. Journal of Industrial Economics, 2002, 50(1):

43-56.

[134] TOSHIAKI I. An empirical analysis of planned obsolescence[J]. Journal of Economics and Management Strategy, 2007, 16(1): 191-226.

[135] UTAKA A. Planned obsolescence and social welfare[J]. Journal of Business, 2006, 79(1): 137-147.

[136] VERANDA T, WANG Y, YANG W. Channel strategies for durable goods: coexistence of selling and leasing to individual and corporate consumers [J]. Production and Operation Management, 2009, 18(4): 402-410.

[137] VISHAL V A, MARK F. Is leasing greener than selling?[J]. Management Science, 2012, 58(3): 523-533.

[138] WALDMAN M. A new perspective on planned obsolescence[J]. Quarterly Journal of Economics, 1993, 108(1): 273-283.

[139] WALDMAN M. Planned obsolescence and the R&D decision[J]. Rand Journal of Economics, 1996, 27(3): 583-595.

[140] WALDMAN M. Eliminating the market for secondhand goods[J]. Journal of Law and Economics, 1997, 40(1): 61-92.

[141] WALDMAN M. Durable goods theory for real world markets[J]. Journal of Economic Perspectives, 2003, 17(1): 131-154.

[142] WHISLER W D. A stochastic inventory model for rented equipment[J]. Management Science, 1967, 13(9): 640-647.

[143] WICKSELL K. A mathematical analysis of Dr. Akerman's problem[M]//ROBBINS L. In Lectures in Political Economy. London: Routledge and Kegan Paul, Ltd., 1934: 274-309.

[144] WOLINSKY A. Durable-good monopoly with inventories[J]. Economic Letters, 1991, 37(4): 339-343.

[145] YIN S, RAY S, GURNANI H, Animesh A. Durable products with multiple used goods markets: product upgrade and retail pricing implications[J].Marketing Science, 2010, 29(3): 540-560.

[146] 陈修素, 汪婧. 汽车生产厂家的定价策略博弈模型 [J]. 数学的实践与认识, 2008, 38(18): 53-58.

[147] 程红, 颜锦江, 汪贤裕. 基于网络外部性的耐用品竞争策略研究 [J]. 四川大学学报 (哲学社会科学版), 2013, 186(3): 62-68.

[148] 达庆利, 闫安. 相异成本情形下的耐用品动态古诺模型研究 [J]. 管理工程学报, 2007, 21(3): 56-59.

[149] 丁士海, 韩之俊. 考虑竞争与重复购买因素的耐用品品牌扩散模型 [J]. 系统工程理论与实践, 2011, 31(7): 1320-1327.

[150] 樊潇彦, 袁志刚, 万广华. 收入风险对居民耐用品消费的影响 [J]. 经济研究, 2007(4): 124-146.

[151] 郭哲, 吴俊新, 汪定伟. 电子商务中的耐用品定价 [J]. 东北大学学报, 2006, 27(2): 142-145.

[152] 李宝库. 基于耐用品市场营销的我国农村居民区域消费模式与特征 [J]. 管理学报, 2005, 2(1): 71-75.

[153] 李长英. 存在非耐用品时耐用品的出租或销售问题 [J]. 财经研究, 2004, 30 (12):5-15.

[154] 李承煦, 苏素. 可形成二手市场的耐用品市场中消费者的行为选择和均衡研究 [J]. 统计与决策, 2008(6): 66-69.

[155] 李克克, 陈宏民. PC 软件产品竞争性升级的定价研究 [J]. 管理科学学报, 2006, 9(3):11-16.

[156] 李明月, 唐小我, 马永开. 非线性定价下的双头垄断企业行为分析 [J]. 运筹与管理, 2001, 12, 10 (4): 115−129.

[157] 吕俊涛, 唐元虎. 有进入威胁时耐用品行业企业策略的博弈分析 [J]. 管理工程学报, 2009, 23(3): 66−71.

[158] 毛蓉蓉. 考虑互补品时耐用品租售策略研究 [D]. 成都: 西南交通大学, 2008.

[159] 牛筱颖. 耐用品理论研究综述 [J]. 经济学动态, 2005, 1(10): 99−104.

[160] 蒲应钦, 冯安, 胡知能. 非耐用品重复购买扩散的最优动态价格策略 [J]. 系统工程, 2011, 29(11): 34−42.

[161] 任信龙. 用耐用品当量预测社会需求的方法和案例 [J]. 预测, 1985(6): 21−22.

[162] 苏昊, 谭德庆, 谭伟. 耐用品及其易耗部件耐用度对双寡头企业均衡产量的影响研究 [J]. 世界科技研究与发展, 2011, 33(1): 158−161.

[163] 苏昊, 谭德庆, 王艳. 存在易耗部件的耐用品的耐用度选择模型 [J]. 系统管理学报, 2013, 22(1): 46−52.

[164] 谭德庆. 多维博弈论 [M]. 成都: 西南交通大学出版社, 2006.

[165] 解花, 叶涛锋. 基于创新程度和价值折旧的耐用品租赁定价策略 [J]. 管理工程学报, 2022,36(5):226−235.

[166] 闫安, 达庆利. 耐用品动态古诺模型的长期产量解和短期产量解研究 [J]. 系统工程理论与实践, 2006a, 10: 30−34.

[167] 闫安, 达庆利. 耐用品动态古诺模型的建立及分析 [J]. 系统工程学报, 2006b, 21(2): 158−162.

[168] 闫安, 达庆利, 刘心报. 耐用品动态 Bertrand 模型 [J]. 系统工程,

2008, 26(5): 123−126.

[169] 王艳. 考虑可替代易逝品下耐用品厂商的产量策略研究 [D]. 成
都 : 西南交通大学 , 2011.

[170] 张明善，唐小我. 多个生产商下的动态古诺模型分析 [J]. 管理
科学学报 , 2002, 5(5): 85−90.

[171] 张翔，谭德庆，苏昊. 基于消费者类型的耐用品销售定价研究
[J]. 预测 , 2010, 29(3): 26−30.